좌충 우돌
정재은의 독일축구 현장

좌충우돌
정재은의 독일축구 현장

★
정재은 지음

한스미디어

그녀와 인터뷰하고 함께 블로그에 글을 연재하면서 그녀가 가진 능력을 매주 경험하고 있다. 그녀가 쓰는 글에는 몰입하게 만드는 강한 힘이 담겨 있다. 그녀와 마주 앉아 인터뷰할 때면 나의 내면에 있던 마음의 소리를 용기 내어 세상으로 내뱉게 된다. 가만히 앉아 그녀의 글을 읽고 있으면 희미해진 나의 기억들이 다시 선명하게 그려지는 놀라운 순간을 경험한다. 빠르게 변화하고 멀티를 추구하는 바쁜 요즘 시대에 일상의 것들을 잠깐 내려놓고 온전히 몰입해서 읽을 수 있는 선물 같은 책이다.

_이재성 (마인츠05 소속, 대한민국 축구국가대표 선수)

제가 독일에서의 첫발을 내딛었던 뮌헨. 정재은 기자님은 제가 처음 뛰었던 바이에른 뮌헨 캠퍼스부터, 챔스에서 데뷔했던 알리안츠 아레나까지 늘 찾아와 저의 시작을 함께했습니다. 이 책은 그런 넘치는 열정과 에너지로 유럽의 축구 현장을 누비고 다녔던 그녀의 흥미진진한 이야기들로 가득합니다!

_정우영 (SC프라이부르크 소속, 대한민국 축구국가대표 선수)

2015년 알리안츠 아레나에서 바이에른 뮌헨과 아우크스부르크의 경기를 취재했다. 태어나서 처음 보는 구단 스케일, 화려한 선수단을 보며 내심 주눅 들었던 기억이 난다. 기자로서 '이런 곳에서 늘 일하는 건 어떤 기분일까' 생각하기도 했다. 표현한 적은 없지만, 그 일을 후배 정재은이 해내는 것을 보며 뿌듯했다. 그간의 일을 기록한 이 책을 보며 후배가 더 자랑스러워졌다.

_정다워(《스포츠서울》 기자)

한동안 정재은과 마주 앉아 일했다. 맞은편에서 타닥타닥 키보드 두드리는 소리가 나지 않을 때, 정재은의 상태는 둘 중 하나였다. 오물오물 무언가를 씹어 먹거나 안달을 부리거나. 후자의 경우 이런 것이다. 밤을 새워 정성스레 쓴 기사가 송고되지 않아서, 신나는 인터뷰를 하고 돌아와 지면에 다 담지 못하는 게 아까워서, 축구 세상의 재미를 자신만 알고 있는 게 안타까워서. 종종 생각한다. 그런 조바심과 갈등이 정재은을 독일까지 데려간 것이라고. 정재은이 건넨 초고 파일을 받자마자 첫 장부터 마지막 장까지 단숨에 읽었다. 단언컨대 내가 읽어온 정재은의 그 어떤 글보다 재미있었다. 흔한 사람 이야기를 넓고 깊은 성찰로 벼려내는 솜씨라니. 독일 생활이 그에게 준 선물일 것이다. 축구가 그렇게 좋으냐고 묻는 이에게 정재은은 '좌충우돌 독일 취재기'로 답한다. "정말이지 우리가 행복해야 할 이유는 너무 많다고요!"

_**배진경**(축구 칼럼니스트, 《K리그 레전드》 저자)

하고 싶은 일, 잘하는 일, 재미있는 일, 돈 버는 일. 사회생활은 저렇게 네 가지로 구성된다. 두 개 이상 겹치는 인생은 최소한 피곤하지 않다. 세 가지가 겹치는 사람은 주위의 부러움을 산다. 네 가지가 전부 겹치는 사람이 있을까 싶겠지만, 토트넘 훗스퍼의 에이스 손흥민이 딱 들어맞는 사례다. 손흥민은 축구를 하고 싶어 부친의 혹독한 가르침을 버텼고, 지금도 축구가 제일 재미있다고 말하며, 알다시피 세상에서 그 일을 제일 잘하는 사람 중 한 명으로 살면서 막대한 돈을 번다.

가끔 축구 기자가 되는 방법을 문의하는 학생들이 있다. 축구를 좋아하는 학생들에게 축구 기자는 근사한 직업처럼 보인다. 스타 플레이어들을 직접 취재한다는 것 자체가 흥미진진할 것이다. 그럴 때마다 나는 대한민국 축구 기자의 현실을 나열했다. 곧은 눈보다 조회 수를 도발하는 손가락이 더 요구된다. 들이는 노력에 비해 금전 보상은 턱없이 적다. 부모가 주신 이름 석 자가 거의 매일 '국뽕팔이' 기사와 함께 도매금으로 넘어간다. 그러곤 "그래도 하고 싶어?"라고 되묻는다. 매번 나는 '인생을 상담해달라고 했지, 누가 기를 꺾으라고 했어?'라면서 속으로 반성했다. 나는 그냥 '꼰대'도 아니고 참 '폭력적 꼰대'였다.

지금 독일 뮌헨에서 사는 글쓴이는 그런 방해 공작에도 굴하지 않고 기어이 축구 기자로서 첫 사회생활을 시작했다. 작은 회사였던 탓에 덜 숙성된 막내 기자라도 취재 현장에 투입되었다. K리그 경기장에 가고, 국가대표팀 훈련장을 취재하고, 축구계 화제의 인물을 인터뷰하고, 사무실로 돌아와 잡지의 생명인 높은 완성도와 남다른 차별화를 달성해야 했다. 그러다가 그는 독일로 날아갔다. 나는 일반 기업의 회사원으로서 살아가는 방법을 계속 권유했다. 출퇴근 시간이 정해져 있고, 언론인보다 월급 통장이 훨씬 든직한, 그래서 축구의 취미화를 꾀한다면, 우리 머릿속에 있는 '느긋하게 인생을 즐기는 유럽인'처럼 살 수 있지 않을까 싶었다. 처음 인연을 맺을 때처럼 그는, 또 말을 듣지 않고 축구 현장에서 기사를 보내왔다. 책을 썼는데, 축구 책이란다. 이런 이런.

아직 직업을 선택하지 않은 청춘이 있을 것이다. 희망차게 시작한 직업이 생각만큼 만족스럽지 않은 사람도 있고, 불만은 없어도 새로운 자극에 목마른 사람도 있다. 인생지사는 소위 '케바케'라서 만능적 조언이 있을 리가 없다. 다들 본인이 고민하고 정한다. 주위를 둘러보든 인터넷이나 책을 뒤지든 수단은 많다. 다양한 문화를 체험하는 것도 좋은 방법이다. 목표점이 정해지면 본인이 직접 기어를 넣고 핸들을 꺾은 뒤에 액셀러레이터를 밟으면 된다. 그런 면에서 정재은이란 청춘이 한국과 독일의 축구판에서 겪은 좌충우돌은 쏠쏠한 참고가 될지 모른다. 축구를 좋아하는 팬이라면 흥미로운 (부러운?) 내용이 될 수 있고, 다른 분야에 관심이 있는 사람에게도 최소한 '기타 폴더'로서 기능할 수 있다. 읽어보니까 이 책의 주인공은 사회생활 4대 요소 중에서 최소한 세 가지 이상이 겹치는 상황을 만든 것 같다. 그러니까 일독 추천.

_**홍재민**(축구 칼럼니스트)

내가
진짜 하고 싶은 일을
찾았다

나는 내가 문학소녀인 줄 알았다. 여행을 가면 그 도시의 박물관이나 전시회에 들러 다양한 역사 공부에 몰두할 줄 알았다. 독일은 내게 말했다.

글쎄, 여기선 아닐걸?

2014년, 대학교 3학년 여름방학에 처음 뮌헨에 갔다. 언어 교환 프로그램을 통해 뮌헨 대학교 부설 어학원에서 공부를 할 수 있었다.

유럽은 처음이라 너무 설렜다. 영어권도 아니고 독일어권이라니. 두근대는 마음을 붙잡고 뮌헨 공항에 도착했다. 사방에 독일어가 적혀 있는 낯선 환경에 어지러웠다. 그때 한 커다란 광고판이 내 시선을 사로잡았다. 바이에른 뮌헨의 파울라너(맥주 브랜드) 광고 포스터였다. 내겐 영 어색한 그림이었다. 예쁘고 잘생긴 아이돌이나 연기자가 크게 프린트되어 걸려 있는 풍경이 익숙한데, 붉은색 유니폼을 입은 축구 선수들이 커다란 맥주잔을 들고 웃고 있다. 인상적이었다. 공항버스를 타고 시내로 이동하는데 알리안츠 아레나가 등장했다. 거대한 경기장 외부 모습에 넋을 놓았다. 아마 그때부터였던 것 같다. 내 삶에 축구가 들어오기 시작한 건.

뮌헨에서 하고 싶은 게 많았다. 어학원 수업이 끝나면 독일 국립 박물관 '도이체스 무제움', 루트비히 1세가 지었다는 미술관 '알테 피나코테크', 주립 도서관 등에 방문하고 싶었다. 각종 박물관과 미술관의 정보가 담긴 스크랩북도 만들었다. 이 스크랩북을 들고 다니며 내가 보고 느낀 것들을 열심히 기록하려 했다.

내가 향한 곳은 전혀 달랐다. 바이에른 팬숍이었고, 알리안츠 아레나였고, 바이에른의 훈련장이었다. 이상한 나라의 앨리스가 된 기분이었다. 어떻게 축구가 이렇게 도시 곳곳에 녹아 있을 수 있지? 중학생으로 보이는 여자아이가 청바지 위에 토마스 뮐러라고 적힌 유니폼을 입고 가던 모습이 아직도 눈에 선하다. 한여름인데 붉은 머플러를 목에 두르고 다니던 노신사도, 바이에른 로고가 그려진 커다란 배낭을 메고 씩씩하게 걷는 어린 소년도. 축구는 내게 그저 4년에 한 번 열리는 이벤트에 불과했는데, 이곳 뮌헨에서 축구는 문화를 넘어선 일상이었다.

도대체 축구가 뭐길래?

궁금해졌다. 그때부터 조금 더 깊숙이 축구 문화에 들어갔다. 오픈 트레이닝장에 가서 선수들의 모습을 보고, 그들을 보며 열광하는 팬들을 봤다. 훈련이 끝나자 팬들은 주차장 근처에 가서 선수들이 각자 차를 타고 퇴근하는 모습까지 지켜봤다. 프랑크 리베리의 차를 쫓아가다 저지당한 팬들도 있었다. 마치 공개방송이 끝난 아이돌의 퇴근길 같았다. 이 팀이 궁금해졌다. 알리안츠 아레나에서 경기장 투어를 하고 박물관을 관람했다. 축구 펍에 가서 분데스리가 개막전까지 봤다. 한국에 있는 내 친구들과 가족은 나의 이런 모습을 보며 당황스러워했다. 내가 축구에 푹 빠져버릴 줄은 상상도 못 했을 테다. 나도 내가 뮌헨에서 이러고 있을 줄은 몰랐지.

한국에 갈 시간이 다가왔다. 나의 하루를 차곡차곡 일기장에 적다가 갑자기 심장이 뛰기 시작했다. 일기장에 이렇게 적었다. '하고 싶은 일이 생겼다. 축구로 뭔가 하고 싶다.'

이런 기분은 정말 처음이었다. 내가 진짜로 하고 싶은 일을 찾았다. 동네방네 "유레카!"를 외치며 뛰어다니고 싶을 정도로 행복했다.

나는 마음먹은 일은 반드시 해야 직성이 풀리는 사람이다.

모든 일이 빠르게 진행됐다. 한국에 도착하자마자 바로 휴학을 신청했다. 이대로 가을 학기를 맞이하면 다시 몰아치는 과제와 시험에 치이다 모두 사라질 것 같았다. 이미 등록금을 다 낸 상태여서 100% 환불을 받지는 못했지만, 그 돈이 전혀 아깝지 않았다. 휴학 신청을 한 나는 서점과 도서관으로 달려갔다. 도서 검색대에서 축구라고 검색해서 나오는 책을 말 그대로 '모조리' 꺼내서 읽기 시작했다. 소장 가치가 있다고 판단한 책은 고민하지 않고 구입했다. 나라별 축구, 리그별 축구를 조사하고 전술의 역사를 공부하며 축구를 글로 배웠다. 새벽에는 분데스리가와 UEFA 챔피언스리그를 챙겨봤다. 사실 프리미어리그에는 큰 관심이 없었다. 대다수가 리버풀, 아스널, 맨체스터 유나이티드에 열광할 때 나는 바이에른, 도르트문트, 레버쿠젠 등을 응원했다. 내가 공부한 전술이 그날 축구 경기에서 보이면 그렇게 기쁠 수 없었다.

혼자 블로그에 경기 소감도 적고, 독일어를 배우겠다며 토마스 뮐러가 페이스북에 올리는 글을 프린트해서 스크랩북을 만들었다. 그렇게 나만의 방식으로 축구를 즐겼다. 내 또래 친구들이 토익과 토플 점수를 올리고 있을 때 나는 축구 지식을 쌓았다.

그리고 1년 후, 축구 전문 매거진 <포포투>에 입사했다.

이보다 더한 기쁨이 있을까? 퇴근 시간이 되어도 더 일하고 싶어서 자진해서 야근을 했다. 빨리 축구 현장에 가고 싶어서 선배들이 내주는 숙제를 빼먹지 않고 했다. 입사 후 한 달이 흘렀을 즈음, 드디어 현장에 나갔다. 당시 <포포투> 선배와 함께 수원월드컵 경기장에 가서 수원삼성과 감바오사카의 AFC 챔피언스리그를 취재했다. 어찌나 추웠는지 경기는 눈에 들어오지도 않고, 상보 작성도 제대로 못 했다. 선수들 이름과 등번호를 비교하고 방금 눈앞에서 벌어진 장면을 빠르게 써 내려가는 작업은 생각보다 훨씬 어려운 일이었다. 게다가 영하로 떨어진 날씨 속에서 말이다. 그동안 밤새워 연습해서 자신 있다고 생각했는데, 모두 무용지물이었다. 경기가 끝난 후 상보를 겨우겨우 마무리한 후 노트북을 덮었다. 동행한 선배가 내게 말했다. 주위를 둘러보라고.

아무도 없었다.

나를 제외한 모든 기자가 경기 종료와 동시에 상보 기사를 포털 사이트에 내보낸 후 기자회견장으로 내려간 뒤였다. 핑크빛 꿈을 안고 축구판에 뛰어든 신입이 처음으로 차가운 현실을 마주한 순간이었다. 뒤늦게 짐을 챙겨 기자회견장에 갔지만 나를 위한 자리는 없었다. 두 팔에는 노트북과 가방, 핸드폰, 두꺼운 패딩이 아무렇게 엉켜 있었다. 구석에 다리 한쪽이 부러진 의자가 있어 겨우겨우 앉았다. 이미 기자회견은 시작됐다. 양 팀 감독의 말을 들리는 대로 받아 적었다. 수훈 선수로 선정된 권창훈도 있었다. 권창훈의 목소리가 워낙 작아 제대로 알아듣기 힘들었다. 머릿속에는 계속 '망했다'라는 말이 둥둥 떠다녔다. 기자회견이 끝난 후 인터뷰 기사를 작성했지만, 당연히 엉망진창이었다.

집으로 돌아가는 길에 동행한 선배가 내게 물었다. "어땠냐?"

쉽게 대답할 수 없었다. "어렵네요." 외에는 할 말이 없었다. 내가 여기서 살아남을 수 있을까? 그동안 내가 보고, 느끼고, 즐긴 축구와는 전혀 다른 세상이 펼쳐졌다. 이 길이 맞는 걸까? 축구로 내가 뭔가 할 수 있을까? 옳다고 믿고 직진한 이 길이, 사실은 틀린 방향이라면? 주변의 만류에도 불구하고 고집한 직업인데. 나 자신에게 너무 부끄러웠다. 수원월드컵경기장 기자석에서 허둥지둥하던 내 모습이 너무 부끄러웠다. 감독과 선수의 말도 제대로 못 알아듣는 내가 너무 한심했다. 그렇게 잠이 오지 않는 긴 밤을 보냈다.

그로부터 3년 후.

나는 알리안츠 아레나 기자석에 앉았다. 독일기자협회에 가입했고, 바이에른 뮌헨의 정식 출입 기자가 됐다. 로베르트 레반도프스키가 골을 넣은 소감을 눈앞에서 들었다. 오스트리아에서 국가대표 유니폼을 입은 손흥민을 만났다. 다름슈타트에서 차범근 감독을 만났다. 백승호가 다름슈타트에 적응하는 이야기, 이재성이 집에 팬들을 초대해 떡볶이 파티를 연 이야기, 정우영이 UEFA 챔피언스리그에 데뷔한 순간 등을 한국에 전했다. 엘링 홀란드가 잘츠부르크에서 훈련하는 모습을 지켜보고, 바이에른이 트레블을 들어 올리는 순간을 현장에서 기록했다. 수원에서 벌벌 떨던 내가 유럽 방방곡곡을 다니며 축구 기사를 썼다.

힘든 순간이 없었던 건 아니다. 눈물이 날 정도로 괴로운 날도 있었다. 여기저기 다치기도 하고, 인종차별도 당했다. 노트북이 망가지고, 물건도 잃어버리고… '왜 내가 독일까지 와서 이런 고생을 해야 하나' 하는 현타도 자주 맞았다. 손흥민의 '손'자도 듣기 싫어

잘츠부르크 홈구장에서 황희찬 찍으러 관중석 내려갔다가 찍힌 사진

TV를 꺼버린 적도 있다.

　나의 스트레스는 결국 다시 축구가 해결해줬다. 현장에 나가서 촉촉한 잔디 내음을 맡을 때 복잡한 머릿속이 정리됐다. 경기 후 잔뜩 상기된 표정의 선수들을 만나 인터뷰를 할 때마다 새로운 세상을 배웠다. 만족스러운 기사가 나왔을 때의 보람은 정말 말로 표현할 수 없을 만큼 컸다. 축구는, 내가 넘어져도 일어설 수 있게 만드는 든든한 버팀목이었다.

　축구는 그렇게 내 삶 깊숙이에 자리했다. 독일에서 4, 5년 가까이 축구 취재를 다니며 돈을 주고도 못 살 소중한 인연을 만났고, 누구나 하지 못할 특별한 경험을 했다. 유럽 축구팀들은 왜 최고인지, 유럽에 진출하는 한국 선수들에게는 어떤 특별함이 있는지, 꽁꽁 숨겨진 비밀을 아주 가까이서 파헤친 기분이랄까.

　내가 대단한 일을 해냈다는 뜻이 아니다. 얼마나 힘들었고, 얼마나 행복했는지 말하고 싶은 게 아니다. 7년 전 초라한 모습으로 터덜터덜 집에 돌아와 밤잠을 설치던 나를 위로하고 싶었다. 어리고 미숙했던 그때 그 신입에게 말하고 싶었다. 꿈을 꾸도록 만들었던 알리안츠 아레나도 갈 거고, 토마스 뮐러도 만나게 될 테니 조금만 확신을 가져보라고. 축구는 네 인생에 큰 변화를 가져다줄 거고, 너를 지탱하는 커다란 나무가 될 거라고.

　그러니까 이 책은, 7년 전의 나와 같은 모습을 한 이들에게 전하는 메시지다. 인생에 다시 오지 않을 것 같은 기회라면, 운명처럼 선택한 일이라면, 조금 힘들어도 확신을 가졌으면 좋겠다. 평소에는 상상해보지 못한 파란만장한 나날들이 펼쳐질 거니까. 기대해도 좋다. 끝에 뭐가 있든 분명히 가치 있는 과정이 남을 거고, 그 속에서 삶의 다음 챕터를 발견하는 행운도 생길 거다.

그게 바로 내가 독일에 와야만 했던 이유다.

정재은의 좌충우돌
독일축구 현장

정재은의 취재 현장

FC 바이에른 뮌헨 :
레반도프스키 / 뮐러 /
킴미히 / 정우영

FC 아우크스부르크 : 구자철

RB 잘츠부르크 : 황희찬 / 김정
민

RB 라이프치히 : 황희찬

디종 FCO : 권창훈

홀슈타인 킬 : 이재성, 서영재

FSV 마인츠 05 : 이재성

SV 베르더 브레멘 : 박규현

SV 다름슈타트 98 : 백승호 /
차범근

엘라스 베로나 FC : 이승우

토트넘 홋스퍼 FC : 손흥민

오스트리아 빈 : 국가대표팀 A
매치 평가전

──── **contents**

PART
1

뮌헨에서 생긴 일

PART
2

유럽파 선수들과 생긴 일

축구장 밖에서 생긴 일

PART
3

PART

1

뮌헨에서
생긴 일

내가 알리안츠 아레나에서 취재하는 순간이 오다니!

취재석은 어떻게 생겼을까,

기자실 시설은 어떨까…

온갖 상상의 나래를 펼치며 첫날밤을 보냈다.

▶
▶

뮌헨으로
떠났다

비행기 환승은 귀찮은 일이다. 난생처음 가본 프랑크푸르트 공항에서 무거운 핸드 캐리어를 끌고 부지런히 뮌헨행 환승 게이트로 향했다. 몸은 천근만근이고, 잠도 제대로 못 자 머리도 지끈거렸다. 그래도 약 한 시간 후면 뮌헨에 도착한다는 설렘이 생겼다.

뮌헨으로 가는 작은 루프트한자 국내선을 탔다. 루프트한자 국내선에 들어서면 가장 먼저 넓은 좌석의 비즈니스석이 보인다. 여길 지나쳐야 이코노미석이 나온다. 무거운 캐리어를 좁은 통로에서 낑낑대고 밀며 이코노미석으로 가고 있는데, 어디서 한국어 인사가 들려왔다. "어, 안녕하세요!" 인사한 쪽을 쳐다보자 익숙한 얼굴이 보인다. 올해 바이에른 뮌헨 U-19로 입단한 정우영이다. 예상치 못한 순간에, 예상치 못한 인물을 만났다. 너무 반가웠지만 내 뒤로 사람들이 줄을 서서 들어오고 있었기 때문에 대화할 시간은 없었다. 뮌헨에서 보자는 짧은 말만 남기고 내 좌석으로 향했다.

독일 하늘을 한 시간 동안 날아 뮌헨에 도착했다. 비행기에서 나오자 정우영이 서 있다. 같은 항공편을 타고 올 줄이야. 그도 피곤함에 잔뜩 절어 있는 모습이었다. 그는 내 핸드 캐리어를 보더니 순진한 눈망울로 물어본다. "왜 짐 다 안 맡기셨어요?" 이코노미석 승객은 최대 1개만 맡길 수 있다고 말해주니 새로운 걸 배웠다는 표정으로 고개를 끄덕인다.

짐을 찾아 출구로 향했다. 뮌헨에는 이미 두 번 온 적이 있어서 출구를 찾는 데 어려움이 없을 줄 알았는데, 그건 나의 오만이었다. 우린 이리로 갔다가, 저리로 갔다가 계속 헤맸다. 표지판에 표시가 잘 되어 있는데도 왜 그렇게 못 찾았을까? 정우영이 "저기로 한번 가볼까요?"라고 용기 있게 시도한 덕분에 무사히 출구로 나왔다. 그렇게 뮌헨에 도착했다. 정우영의 독일어 과외 선생님이자 뮌헨 생활을 도와주는 분이 그를 기다리고 있었다. 거기서 작별 인사를 나눈 후 나는 공항버스 정류장으로 향했다. 그렇게 정우영이 뮌헨에 도착한 첫날을 눈에 담으며 나의 뮌헨살이가 시작됐다.

운이 좋게 나는 첫날부터 지낼 숙소를 구해왔다. 6명이 부엌과 화장실을 공유하는 공동 거주지, Wohngemeinschaft(본게마인샤프트)다. 줄여서 WG(베게)라고 부른다. 이곳에서 한 달 동안 지내며 본격적으로 내가 살 집을 구하기로 했다. 방에 들어와 불을 켰다. 다 켜진 건가? 싶을 정도로 방 안은 여전히 어두웠다. 노란 간접등에 겨우 의지해 지내야 하는 환경. 환한 형광등이 익숙한 내게 이 밝기는 마치 눈을 뜨다만 느낌이었다. 다행히 한국에서 가져온 탁상용 LED 램프가 있어 얼른 꺼내서 방 안을 밝혔다. 기지개를 한 번 쭉 켜고 짐을 풀었다. 겨울이라 옷의 부피가 커서 필요한 물건들을 모두 가져오지는 못했다. 부모님께서 차차 택배로 보내주시기로 했다. 옷가지를 작은 옷장에 꾸역꾸역 정리해 넣고, 널찍한 책상 위에 노트북을 비롯한 각종 문구용품과 화장품을 가지런히 올려놓았다. 샤워하고 가족에게 잘 도착했다는 메시지를 보냈더니, 벌써 자정이 됐다. 분명 뮌헨 공항에 도착했을 때만 해도 몸이 천근만근이었는데 침대에 풀썩 앉으니 그제야 실감이 조금씩 나기 시작했다. 드디어 내가 뮌헨에 왔구나! 커다란 창문을 열자 빗소리가 들린다. 오는 길에 비가 한두 방울 떨어지는 것 같더니 본격적으로 내리기 시작했나 보다. 빗소리가 더 듣고 싶어 창문을 살짝 열었다. 풀냄새가 방 안으로 들어왔다. 가슴이 일렁이기 시작했다. 이대로는 쉽게 잠이 오지 않을 것 같아 책상으로 가 노트북을 열었다. 가장 먼저 접속한 곳은 뮌헨을 대표하는 클럽, 바이에른 뮌헨의 미디어 포털 사이트. 한국에서 미리 바이에른 미디어에 가입했다. 미디어 소속은 전 회사, 축구 매거진 〈포포투〉다. 이곳에서 취재 활동을 이어 나가며 기사를 쓰기로 했다. 편집장의 배려 덕분이었다. 설레는 마음으로 바이에른 미디어 포털에 들어가 경기 일정을 확인했다. 당시 분데스리가는 전반기가 끝난 휴식기였기 때문에 리그 경기는 아직 열리기 전이었다. 그런데 마침 알리안츠 아레나에서 친선경기가 예정되어 있다. 상대 팀은 존넨호프 그로스아스파흐. 태어나서 처음 들어본 팀이지만 주저하지 않고 취재 신청 버튼을 눌렀다. 내가 알리안츠 아레나에서 취재하는 순간이 오다니! 취재석은 어떻게 생겼을까, 기자실 시설은 어떨까… 온갖 상상의 나래를 펼치며 첫날밤을 보냈다.

▶

▶

알리안츠 아레나에
입성하다

2018년 1월 9일. 그날이 왔다. 나의
첫 알리안츠 아레나 입성 당일. 친선 경기여서 경기 자체에는 큰
의미가 없었지만 바이에른 선수들을 눈앞에서 본다는 사실만으
로도 벅차올랐다. 바이에른은 대학생 시절 내가 가장 좋아한 클럽
이다. 분데스리가, DFB 포칼, UEFA 챔피언스리그(이하 UCL)를
밤을 새워서 챙겨 보고, 시즌별로 유니폼도 모았다. 아르옌 로번,
프랑크 리베리, 필립 람 등 당시 바이에른의 터줏대감이었던 선수
들의 이름도 새겼다. 인스타그램, 카카오톡 등 나의 SNS는 전부
바이에른으로 가득 찼다. 시험 기간에는 바이에른 엠블럼이 새겨
진 후드를 즐겨 입는, 소위 '축덕'이었다. 2015-16시즌, 4강에서
아틀레티코 마드리드에 패한 직후 얼마나 슬펐는지. 친구들의 '카

톡'이 쏟아져 너무 속상한 나머지 그날 앱을 지워버리기도 했다. 당시 유독 스페인 팀만 만나면 고전해서 펩 과르디올라 감독이 스페인에서 보낸 첩자는 아닌지 혼자 말도 안 되는 음모론도 펼쳤다. 오랜 팬은 아니었지만 누구보다 열렬한 팬이었다고 자신한다.

내가 그토록 응원한 팀을, 기자증을 달고 취재하러 가다니. 이 상황이 너무 판타지 같아서 전날 밤도, 당일 아침에도 믿기지 않았다. 오랜만에 경기장에 가서 잔디 냄새를 맡을 생각에 두 배로 설렜다. 한국에서 마지막으로 취재한 게 11월이라 겨우 2개월 만이지만, 그동안 독일행을 준비하며 많은 일이 있었기에 공백기가 더 길게 느껴졌다. 이렇게 잠시 생각에 빠졌다가, 얼른 정신을 차리고 갈색 취재 가방을 꺼냈다. 이날을 위해 산 미러리스 카메라, 프로축구연맹에서 받은 기자 수첩, 노트북, 신분증, 지갑 등을 챙겼다. 나의 빛바랜 일상 속에 돌아간 기분이 들었다. 가방을 오른쪽 어깨에 짊어지고 집을 나섰다. 오랜만이다! 벽돌 세 개쯤 들어간 듯 무거운 가방.

경기는 저녁 5시 30분에 시작된다. 넉넉히 2시간 전에 출발했다. 프뢰트마닝Fröttmaning 역으로 가는 지하철 U6 라인에 올라탔다. 4년 전에는 그냥 경기장 외관 구경하려고 탔었는데 이제는 일하러 가는구나. 흐른 세월만큼 상황이 얼마나 변했는지 실감했다. 그때의 나는 4년 후에 취재 수첩을 들고 같은 지하철을 탈 거라 상상이나 했을까? 어두운 지하를 지나 푸르른 하늘이 펼쳐진

지상으로 나왔고, 곧 프뢰트마닝역에 도착했다. 미디어 게이트는 일반 관중 입장 게이트에서 살짝 벗어난 왼쪽 구석에 있다. 너무 일찍 도착해 경기장 안에 있는 작은 카페에서 사과 주스를 마시며 목을 축였다. 기자실 안에 어마어마한 음료 코너가 준비되어 있다는 걸 꿈에도 모른 채 말이다. 경기 한 시간 전에 미디어 게이트로 향했다. 그새 사람들이 북적였다. 겨우 친선경기인데 이렇게 많은 관중이 몰린다니. 새삼 분데스리가의 인기를 확인했다. 커다란 철장 앞에서 직원들이 내 신분증과 취재 승인이 난 메일을 확인했다. 확인이 끝난 후 직원은 내게 필 슈파스^{Viel Spaß}! 라고 외치며 인사했다. 재밌는 시간 보내라는 뜻이다. 독일어를 이제 막 배우기 시작한 내게 경기 현장은 또 다른 배움의 터였다. 기분 좋게 길을 따라 내려갔다. 다시 한번 작은 미디어 게이트가 나왔고, 똑같이 신분증을 확인했다. 그리고 손목에 바이에른 엠블럼이 그려진 팔찌를 채워줬다. 일종의 기자증 역할을 하는 팔찌였다. 신기한 문화다. 마치 콘서트장에 입장하는 기분이 들었다.

드디어 기자실에 들어왔다. 조금 쉬려고 하자 경기가 겨우 30분밖에 안 남았다. 앉자마자 일어나서 반대편 문으로 나갔다. 그런데 기자석은 어떻게 올라가는 거지? 두리번거리던 중, 마침 홍보팀 직원이 보였다. 그는 왠지 내가 곧 길을 물을 거로 예상한 듯한 표정을 짓고 나를 쳐다보고 있었다.

"기자석은 어디로 올라가면 돼?"

"여기서 쭉 가면 커다란 계단이 나와. 그 계단을 따라 올라가면 보일 거야."

선수들의 사진이 커다랗게 걸려 있는 통로를 지나니 정말 큰 계단이 등장했다. 커다란 계단이 사정없이 위로 뻗어 있다. 설레는 마음으로 올라가니 다시 작은 통로가 나왔고, 곧 야외로 나가는 입구까지 도달했다. 무거운 문을 열고 나가자 스태프 두 명이 내 좌석을 확인한 후 안내해줬다. 유럽 빅리그 대부분은 워낙 많은 취재진이 몰리기 때문에 늘 좌석을 지정해준다. 나는 홈팀 바이에른 쪽 기자석에 앉았다. 얼른 노트북과 취재 수첩을 꺼내 자리를 세팅했다. 고개를 드니 경기장이 한눈에 들어왔다. 잔디 위에서 몸을 푸는 바이에른 선수들도 보였다. 심장이 쿵쾅거렸다. 4D 영화를 보는 기분이랄까? 조금 더 가까이서 보고 싶었다. 관중석으로 내려갔다. 토마스 뮐러가 환하게 웃는 모습이 점점 가까이서 보였다. 모든 게 비현실적이었다. 넋을 놓고 쳐다보다가 정신을 차리고 카메라에 열심히 담았다. 저쪽에는 그토록 좋아했던 프랑크 리베리가 있다. 친선경기라 그런지 선수들은 가벼운 분위기 속에서 하하 호호 웃으며 워밍업을 했다. 고개를 뒤로 돌려 기자들이 얼마나 왔는지 확인했다. 펜 기자가 약 20명, 방송기자가 4, 5명 정도 있다. 〈빌트Bild〉, 〈슈포르트아인스Sport1〉, 〈키커Kicker〉 등 한국에서도 유명한 굵직한 매체들도 보였다. 작은 친선전에 취재 규모가 이 정도라면, 평소 리그 경기에는 어느 정도라는 걸까?

문득, 향후 내 취재 현장이 굉장히 험난해지겠다는 불안감이 엄습했다.

일단은 즐기자!

경기는 재밌게 흘렀다. 스코어는 무려 5-3이 나왔다. 친선전은 역시 골 보는 재미다. 리베리가 두 골이나 넣어 내게는 특히 더 재밌는 경기였다. 경기 후 믹스트 존으로 향했다. 가는 길에 한 방송기자와 짧게 대화를 나눴다. 이름은 타우피히 카릴. 독일 공영 라디오 방송국 〈BR24〉의 기자다. 한국에서 왔다고 하니 대뜸 서울 좋아한다며 잔뜩 신나서 서울에서 여행했던 추억을 소환한다. 평창 올림픽 취재도 다녀왔단다. 타우피히 덕분에 자칫 헷갈릴 수도 있는 길을 잘 따라갔다. 첫날부터 친구가 생겼다는 사실에 기뻤다. 믹스트 존에 도착하자 이미 카메라들이 자리를 잡고 있었다. 곧 리베리가 등장했다. 두 골이나 넣은 주인공이었다. 손을 쭉 내밀어 녹음을 하고 있는데, 내 뒤쪽에서 손을 힘겹게 뻗고 있는 기자가 있어 그의 핸드폰을 대신 들어줬다. 녹음이 제대로 안 되면 얼마나 속상한지 알기에. 그는 당케Danke라며 고마워했다. 리베리, 제롬 보아텡, 니클라스 쥘레 등이 인터뷰에 임했고, 다른 선수들은 인터뷰하는 동료들에게 장난을 치며 유유히 퇴근했다. TV로 봐도 거대한 선수들이 가까이서 보니 더 크게 느껴졌다. 인터뷰하는 순간에는 신기함보다는 이걸 어떻게든 녹음을 따내야 한다는 사명감밖에 없던 것 같다.

나의 첫 알리안츠 아레나 기자석 입성 순간

믹스트 존 인터뷰가 끝난 후 다시 기자실로 돌아왔다. 사진을 정리하며 취재를 마무리했다. 기자실에 제공되는 사과 주스를 한 잔 마신 후, 노트북을 덮고 경기장을 빠져나왔다. 설레는 마음으로 입장했던 미디어 게이트로 되돌아왔다. 그리고 뒤를 돌자 알리안츠 아레나가 어느새 붉게 물들어 있다. 나 지금 저 안에서 선수들을 만난 거야? 꿈에서 깬 듯한 기분이 들었다. 앞으로 계속 저렇게 예쁜 경기장에서 이 팀을 취재할 수 있다고 생각하니 가슴이 벅차올랐다. 첫날부터 떨지도, 위축되지도 않고 잘 해낸 내가 기특했다. 독일어 공부도 더 열심히 해야겠다는 동기부여가 되었다. 언젠가 이 선수들의 말을 실시간으로 알아들을 수 있는 날이 오겠지? 기분 좋은 상상을 하며 귀갓길에 올랐다. 그리고 아직 꼭두새벽일 한국에 메시지를 보냈다.

'정재은, 알리안츠 아레나 입성했다!'

▶

▶

기자실에서
스테이크를 썬다고?

알리안츠 아레나는 내게 선물 보따리 같은 곳이다. 유럽 최고의 콤비 아르옌 로번과 리베리가 있고, 로베르트 레반도프스키가 있고, '찐' 독일어를 공부할 수 있는 좋은 환경과 경기장을 꽉 채우는 8만 관중, 그리고 으리으리한 시설의 기자실이 갖춰져 있다. 여기에 하나 더. 스테이크가 있다!

경기장에서 기자들을 위해 음식을 제공하는 건 흔한 일이다. K리그에서도 그랬다. 김밥, 햄버거, 도시락 등등을 받았다. 다 식어서 딱딱하게 굳은 밥알을 씹고 있자니 '현타'가 왔지만 어쩔 수 없이 먹어야 했다. 그래야 살아남으니까. 특히 영하권으로 뚝 떨어지는 추운 날에는 어떻게든 기자실에서 배를 채우고 올라와야 버틸 수 있었다. 그랬던 내가 알리안츠 아레나에서 김이 모락모락

하프타임에는
기자실에 내려와 핫초코를 마신다

나는 스테이크를 먹고 있다니. 이게 빅클럽의 클래스구나 싶었다.

기자실의 구조는 이렇다. 한쪽 벽면에 아메리카노부터 라떼마끼야또, 카페라떼, 카푸치노 등을 만들 수 있는 커다란 커피머신 두 대가 있다. 곁들여 입가심을 할 수 있는 쿠키가 커다란 유리병에 가득 담겨 있다. 그 옆에는 콜라와 사이다, 환타 등 원하는 음료를 뽑아 마실 수 있는 기계가 있다. 레몬 슬라이스가 담긴 유리 용기도 센스 있게 놓여 있다. 주로 콜라에 동동 띄워 마신다. 각종 머신 좌측으로는 작은 바가 있다. 경기 후에 기자들에게 생맥주를 제공한다. 병맥주, 병 음료가 가득 찬 냉장고도 있다. 말도 안 돼. 다 식은 김밥을 먹고, 믹스 커피 스틱에 만족했던 내게 이 풍경은 너무도 낯설었다.

원하는 음료를 들고 자리에 앉아 일하고 있으면 곧 주방장과 직원들이 분주하게 움직인다. 경기 시작 1시간 30분 전에는 으리

기자실의 풍경

으리한 뷔페가 펼쳐진다. 채식주의자를 위한 비건식 뷔페와 일반식 뷔페가 각각 준비된다. 음식 종류도 다양하다. 따끈따끈한 수프, 빵, 새우나 연어가 들어간 오리엔탈 샐러드와 크림 샐러드, 훈제 연어, 버섯구이, 파스타, 오믈렛, 비건파이 등이 채식 코너에 준비된다. 나는 보통 여기서 에피타이저를 먹었다. 일반 코너에 가면 감자 샐러드나 감자 스프레드, 감자 경단, 구운 채소(아스파라거스도 있다)와 함께 주방장이 직접 썰어서 접시 위에 올려주는 따끈따끈한 스테이크가 나온다. 부드럽고 따뜻한 스테이크는 이 글을 쓰는 지금 상상해도 침이 고일 정도로 정말 맛있다. 이 외에도 각종 빵과 버터, 잼도 준비되어 있다. 바이에른 출입 기자들은 그동안 이런 호화로운 식사를 하며 취재를 했다는 건가. 이러면 귀찮아도 올 것 같다.

여기서 끝이 아니다. 배불리 먹고 전반전을 취재한 후 다시 기자실로 내려오면 이번에는 각종 차와 커피, 케이크 뷔페가 차려진다. 케이크 종류는 족히 6, 7개는 된다. 내가 먹고 싶은 케이크를 마음껏 그릇에 담아 커피와 마시며 하프타임 시간을 보낸다. 기자들끼리 삼삼오오 모여 앉아서 전반전 경기에 대한 이야기를 나누고, 기자실 벽면에 있는 대형 스크린을 통해 득점 상황을 다시 체크한다. 여긴 워라밸이 완벽하게 갖춰진 곳이구나. 특히 이 하프타임의 커피와 케이크를 먹는 시간은 겨울에 요긴하게 활용했다. 45분 동안 꼼짝하지 않고 앉아 있으면 온몸이 얼어버리는데, 휘슬이 울리자마자 기자실로 내려와 따뜻한 차를 마시며 달콤한 케이크를 먹으면 몸이 스르륵 녹았다. 최고의 팀은 이렇게 기자들에게도 최상의 서비스를 제공한다.

경기가 끝나고, 기자회견과 믹스트 존 일정도 마무리되면, 기자실 내부 분위기는 한층 캐주얼해진다. 한국처럼 실시간으로 바로바로 기사를 쓰고 올리는 문화가 아니라서 신문사 같은 몇몇 매체를 제외하면 동료들끼리 모여서 퇴근 맥주를 즐긴다. 바에 가서 원하는 맥주를 받아오면 된다. 맥주뿐만 아니라 와인이나 샴페인도 제공된다. 술을 마시면 얼굴이 빨개지는 탓에 나는 늘 알코올 함량이 낮은 라들러Radler를 마셨다. 맥주와 레모네이드를 섞은 가벼운 술이다. 경기 시작 전부터 후까지 완벽한 서비스를 대접받는 기분. 바이에른 외에도 다양한 구단에서 이렇게 기자들에게 다양한 먹거리를 제공한다. 알리안츠 아레나처럼 스테이크를 썰어서 주는 정도는 아니지만 원하는 음료나 커피, 음식과 디저트로 충분히 기분 좋게 배를 채울 수 있다. 경기 한 번 취재하면 팔과 다리에 힘이 풀리고 진이 다 빠지는데, 그럴 때 따뜻하고 든든한 식사는 큰 위안이 된다. 독일로 오길 참 잘했다는 생각이 다시 한번 들었다. 다 먹고 살자고 하는 일 아니겠나.

▶
▶

뮐러의 말을
알아듣고 싶어

　　　　　　　　　　독일에서 독일어를 못 해도 충분히
살 수 있지만, 돈을 벌려면 독일어를 할 줄 알아야 한다. 특히 나
처럼 말과 글이 일의 전부인 사람은 더더욱. 나는 뮌헨에 도착한
후 매일 어학원에 가서 4시간 동안 수업을 들었고, 오후에는 카페
나 도서관에서 공부했다. 독일어를 제대로 공부하기 위해 어느 순
간부터는 영어를 의식적으로 안 쓰기 시작했다. 가끔 어학원 친구
들과 만나 맥주를 마시며 독일어로 대화하고 놀았다. 당연히 말을
더듬고, 빠르게 핸드폰을 꺼내 단어를 찾아야 하는 경우도 많았지
만 서로를 잘 이해하는 사이이다 보니 큰 문제는 아니었다.
　　이렇게 시간과 노력을 투자하는 만큼 나의 독일어 실력은 쑥

쑥 늘었다. 특히 주말에 경기장에 가서 선수들과 인터뷰를 할 때 크게 느껴졌다. 1월에는 겨우 몇 단어 알아듣는 게 전부였는데 시간이 흐를수록 나도 모르게 선수들의 말을 들으며 고개를 끄덕이고 있었다. 리베리의 말을 가장 처음으로 완벽하게 이해했다. 리베리의 독일어는 그리 어렵지 않다. 쉬운 어휘로 문장을 구성한다. 나 같은 독일어 입문자가 자신감을 갖기 좋은 '듣기 평가'랄까. 물론 바이에른 현지 팬들에게는 놀림의 대상이 된다. 뮌헨에서 10년 이상 산 사람치고 독일어 수준이 아직도 그 정도냐면서 말이다. 물론 애정 섞인 농담이다. 아무렴 어때, 축구를 저렇게 잘하는걸.

리베리의 인터뷰를 이해한 후부터는 자신감이 상승했다. 자신감이 생기자 선수들의 말이 더 잘 들렸다. 늘 인터뷰 대상이 되는 주장 마누엘 노이어, 요슈아 킴미히, 쥘레 등은 거의 항상 믹스트 존에 서서 인터뷰를 했다. 처음에는 주전이자 국가대표라서 늘 인터뷰 대상이 되는 줄 알았는데 알고 보니 말을 조목조목 조리 있게 잘한다. 인터뷰로 기사를 써야 하는 취재진 입장에서는 더할 나위 없이 좋은 취재원이다. 발음도 얼마나 또박또박한지 내가 이해하지 못한 단어의 스펠링을 적을 수 있을 정도다. 그들의 인터뷰 녹음 파일을 다시 듣고 있으면 마치 일과 공부를 병행하는 기분이 들었다. 모르는 단어는 그때그때 알려줄 수 있는 독일인 동료들이 사방에 있으니 알리안츠 아레나는 내게 적절한 배움의 장이었다.

그런 내가 가장 큰 난관을 겪었던 순간이 있었으니… 바로 뮐러와의 인터뷰에서다. 뮐러의 바이리쉬(Bayerisch; 바이에른주 사투리)는 이따금 독일인도 이해를 못한다. 바이에른주에서도 가장 사투리가 강한 지역인 오버바이에른에서 나고 자란 그는 바이리쉬를 아주 자연스럽고 당연하게 사용한다. 기분이 좋을 때 특히 더 심해진다. 바이에른은 자주 이기는 팀이니 뮐러의 기분은 당연히 거의 매번 좋다. 좋은 일이기는 한데, 내 입장에서는 '아, 오늘 또 큰 산이 나를 기다리고 있구나'라는 생각부터 든다. 게다가 한 클럽에서 10년 넘게 뛰었으니 이미 웬만한 기자들과 친분도 있을 터. 뮐러는 믹스트 존에 서면 마치 친구들과 수다를 떨듯 농담도 주고받으면서 편안하게 인터뷰를 진행한다. 그러니 나 같은 '외부인'은 쉽게 녹아들기 힘들다. 뮐러가 뭔가 재밌는 얘기를 한 것 같은데, 왠지 좋은 기사거리가 될 것 같은데 이해를 못 했을 때 느끼는 감정을 말로 표현하기가 어렵다. 나만 빼고 다 웃고 있다. 물론 나중에 동료 기자한테 물어보면 되지만 그 순간의 감정을 100% 전달하지 못하는 아쉬움이 늘 남았다. 그때부터 어떻게 해야 뮐러의 재치 있는 인터뷰를 더 생생하게 전달할 수 있을까를 고민했다. 뮐러가 자주 인터뷰를 하지는 않지만 한 번 할 때마다 독일의 온라인 매체나 신문 헤드라인으로 걸릴 만큼 유의미한 말을 많이 하기에 놓치면 내 손해였다. 처음에는 뮐러의 제스처나 표정, 목소리의 크기 등에 집중했다. 녹음하면서 동시에 뮐러가 어떤 표정

뮐러는 인터뷰를 거절하는 법이 거의 없다

을 지었고, 어떤 제스처를 취했고, 언제 목소리가 커졌으며, 이 질문을 한 기자를 향해 어떤 행동을 했는지 등등 그의 감정을 최대한 전달할 수 있는 모든 것을 기록했더니 한결 나아졌다. 기자실로 돌아와 녹음된 인터뷰를 들으며 메모를 읽자 마치 비디오 되감기를 한 것처럼 장면이 생생하게 떠올랐다. 내가 원하는 그런 실감 나는 인터뷰 기사를 쓰기가 수월해졌다. 잘 들리지 않는 말은 그새 부쩍 친해진 타우피히에게 물어보곤 했다. 타우피히 역시 바이에른주 출신이라 뮐러의 농담이나 사투리를 잘 이해했다. '고작' 믹스트 존 인터뷰 기사 하나를 쓰기 위해 여기저기 발품을 팔고, 공부까지 해야 하다니. 녹음된 인터뷰를 빠르게 옮겨 적고 30분 안에 기사 송고를 완료하던 좋은 시절은 다 갔구나. 처음에는 뮐러를 가까이서 볼 수 있어서 마냥 좋았다. 내가 가장 처음 좋아한 축구 선수였기 때문이다. 그런데 언젠가부터 커다란 산이 내 앞에 놓인 것처럼 숨이 턱턱 막히기 시작했다. 주변에는 어차피 한국에서 온 기자는 너밖에 없으니, 대충 써서 보내라고 하지만 양심상 그게 안 됐다. 뮐러가 알고 보면 얼마나 재밌는 사람인지, 킴미히가 얼마나 말을 잘하는 사람인지 한국 축구 팬들에게 조금이라도 더 알리고 싶었다. 분데스리가와 축구 팬들 사이의 거리를 1cm라도 더 좁히고 싶은 마음이 컸다. 다 분데스리가를 향한 애정에서 비롯된 것 같다. 힘에 부치면 가끔 '아, 오늘 그냥 믹스트 존 인터뷰 건너뛸까?' 하는 생각이 들 때도 있었지만 그 애정 때문에 결국 잠을 줄여서라도 기사를 완성할 수 있었다. 그렇게 6개월이 흐르고, 1년의 세월이 쌓이자 거짓말처럼 뮐러의 농담에 '피식' 하며 웃고 있는 나를 발견했다. 뮐러가 내게 장난을 치기도 했다. 이제야 뭔가 '외부인' 신분에서 벗어난 느낌이 들었다. 여전히 어려운 단어나 표현이 있지만, 초반에 비하면 엄청난 발전이었다. 기사를 쓰는 데 들이는 시간도 눈에 띄게 줄었다. 동시에 나에게 분데스리가의 소식을 전해줘 고맙다는 팬들의 메시지도 쌓여 갔다. 뮐러의 말을 알아듣고 싶었을 뿐인데 더 큰 보상을 받았다. 내게 토마스 뮐러는 늘 특별한 선수로 남을 것 같다.

▶
▶

바이에른 캠퍼스 구경하기

2018년에는 알리안츠 아레나만큼 바이에른 뮌헨 캠퍼스도 자주 갔다. 바이에른의 유소년 선수들이 함께 먹고 자고 훈련을 하고 경기까지 뛰는 곳이다. 건물 안에서는 알리안츠 아레나 경기장이 보여서 어린 선수들이 꿈을 키우며 성장할 수 있다. 정우영이 U-19팀에 합류하며 이 캠퍼스로 입주해 훈련과 경기를 보러 가곤 했다. 정우영의 첫 연습경기가 있는 날. 상대는 레인저스 U-19팀이다. 선발 소식을 듣고 얼른 출발했다. 지하철을 타고 U2 라인의 암 하트Am Hart역에서 내렸다. 여기서 294번 버스를 타면 된다. 다시 한번 구글 앱을 켜서 확인하고 싶었는데, 바람이 많이 불고 날씨가 쌀쌀해서 핸드폰을 꺼내기가 힘들었다. 버스 정류장에서 손을 덜덜 떨며 열심히 검색하던 중, 내 옆으로 바이에른 엠블럼이 그려진 트레이닝복을 입은 앳된 소년이 섰다. 키가 크고 체격이 좋은 게 누가 봐도 유소년 선수의 모습이었다. 이 소년을 쫓아가면 되겠구나. 곧 294번 버스가 도착해 그 소년을 쫓아 올라탔다. 트레이닝 바지에 U-17이라 적혀 있는 걸 보니 U-17팀 선수겠구나, 짐작했다. 얼마나 지났을까. FC BAYERN CAMPUS라고 멋스럽게 적힌 입구에서 내렸다. 캠퍼스 정류장의 의자는 알리안츠 아레나 좌석과 똑같았다. 이런 디테일은 나처럼 축구를 좋아하는 사람에게 늘 감동을 선사한다. 캠퍼스 입구에 들어가 취재증을 보여준 후 작은 경기장에 들어갔다. 관중석은 마치 고등학교 운동장에 있는 스탠드 같았다. 선수들의 가족으로 보이는 무리가 곳곳에 있고, 서포터즈도 플래카드를 설치하고 있다. 이곳에서 정우영의 독일어 수업을 담당하는 선생님과 그의 에이전트 C 대표를 만났다. C 대표는 어린 선수가 빅클럽에 입단했을 때 쏟아지는 스포트라이트를 가장 경계하는 듯 보였다. 내가 인터뷰를 요청하기도 전에 미리 '인터뷰는 하지 않겠다'는 의사를 에둘러 표현했다. 내심 아쉬움이 있었지만 충분히 이해했다. 과거 바르셀로나에 백승호, 장결희, 이승우 트리오가 입단했을 때 지나치게 쏟아진 언론의 관심이 향후 선수들에게 어떤 식으로 안 좋은 영향을 끼쳤는지 봤기 때문이다. 한편으로는 막상 이렇게 좋은 '취재거리'를 눈앞에 둔 그 당시 선배들의 마음도 이해가 갔다. 지금 나도 당장 이 경기가 끝나는 대로 인터뷰를 하고 싶어 입이 근질거리는데, 바르셀로나에서는 오죽했을까.

곧 경기가 시작됐다. 등번호 11번을 단 정우영은 중앙과 왼쪽 측면을 오가며 분주하게 뛰었다. 첫 경기치고 꽤 잘 녹아드는 모습이었다. 스피드가 좋고 상황 판단 능력도 뛰어나서 경기 흐름을 잘 이끌어 나갔다. 텃세가 좀 있기도 했다. 정우영이 완전히 열린 찬스를 잡아서 손을 휘휘 저으며 자기한테 패스하라고 사인을 보내는데, 동료들은 그 모습을 보고도 패스를 다른 곳에 주곤 했다. 한국 선수들이 유럽 리그에서 한 번쯤 겪는 경기 중 텃세였다. 이런 것마저 잘 극복해야 하는 게 외국인 선수의 몫이다. 정우영은 전반전 45분을 소화한 후 교체됐다. 관중석으로 올라가 넓은 시야에서 후반전을 지켜봤다. 바이에른 엠블럼이 그려진 운동복과 점퍼를 입은 그의 모습이 아직은 낯설었다. 바이에른 엠블럼을 걸친 한국인이라니, 상상만 해도 어색하지 않은가.

이날 바이에른 캠퍼스 관계자들과 안면을 튼 덕분에 편하게 캠퍼스를 들락날락할 수 있었다. 하루는 구단의 배려로 캠퍼스 내부를 구경했다. 선수들이 웨이트 운동을 하는 공간, 식사하는 공간, 삼삼오오 모여 앉아 축구를 보며 놀 수 있는 공간 등 선수라면 누구나 좋아할 수밖에 없는 시설이 구비되어 있다. 기숙사도 1인 1실로 선수들의 편의를 배려했다. 각자 방에서 요리를 해먹을 수도 있고, 공용 식당에서 함께 음식을 먹을 수도 있다. 개인과 단체의 시간을 모두 존중하는 세심함이 엿보였다. 식당은 널찍하고 쾌

바이에른 캠퍼스 입구

적했다. 당연히 최고의 요리사와 영양사가 선수들의 식단을 책임진다. 보통 한국인 입맛에는 짜고 느끼한 슈니첼(Schnitzel, 오스트리아식 돈가스)을 정우영이 맛있게 먹을 정도니, 그 실력은 굳이 서술할 필요가 없겠다. 식당 중심에는 선수들이 배가 고플 때면 언제든지 배를 채울 수 있도록 신선한 뮤즐리와 우유를 채워 둔다. 다양한 음료도 상시 대기다. 정우영은 이곳에서 밥 걱정이 없어서 제일 좋단다. 가끔 1군 선수들이 와서 유소년 선수들의 훈련을 구경하고, 미팅에도 참여한다. 그 짧은 시간이 어린 선수들에게는 엄청난 동기부여가 된다. 이곳에서 뛰는 선수들은 참 행복하겠다는 생각이 들었다. 여기서 먹고, 자고, 독일어를 배우고, 축구를 할 어린 정우영이 절로 기대됐다. 그가 3년 후 프라이부르크 주전으로 우뚝 설 수 있었던 이유 중 하나가 초기부터 좋은 환경에서 훈련한 덕분이 아니었을까. 향후 더 많은 한국의 어린 선수들이 이런 최고의 환경을 경험했으면 좋겠다. 누가 알까. 언젠가 토마스 뮐러 체제에서 성장하는 한국 선수가 탄생할지.

▶
▶

정우영이
챔피언스리그에
데뷔한 날

　　　　　뮌헨에서 가장 잊지 못할 순간을 묻
는다면, 단연 이날이다. 정우영이 바이에른 유니폼을 입고 UCL
에 데뷔한 날.

　　2018-19시즌 초반부터 조짐이 이상했다. 정우영이 1군 훈
련에 불려가는 횟수가 부쩍 늘었다. U-19팀에 입단한 연초부터
정우영은 종종 1군에 합류해 훈련하곤 했다. 워낙 유소년 선수들
에게 이런 기회를 잘 주는 바이에른이라 그러려니 했는데, 새 시
즌 전지훈련도 같이 다녀오고 킴미히가 개인적으로 잘 챙겨줄 정
도로 1군과 거리가 점점 가까워졌다. 그래도 아직은 1군 데뷔는
멀었을 거로 생각했다.

　　어느 주말이었다. 바이에른과 뒤셀도르프의 분데스리가 12라

정우영이 처음 1군 명단에 들었을 때

운드가 있는 날. 내 독일어 시험 일정이 가까워져서 취재는 포기하고 도서관에 앉았다. 상대도 그리 매력적인 팀이 아니라 마음 편히 도서관에서 공부했다. 경기 1시간 전, 습관처럼 선발 명단을 확인하기 위해 구단 SNS를 열었다. 교체 명단을 천천히 둘러보는데, 응? JEONG이 적혀 있다. 말도 안 돼. 고민할 틈도 없었다. 곧바로 노트북을 닫고 가방에 넣어 도서관을 뛰쳐나왔다. 책상 위에 책을 그대로 펼쳐둔 채 말이다. 정우영이 교체로 뛰든, 안 뛰든 한국인이 바이에른 리그 경기 명단에 이름을 올린 순간을 놓치고 싶지 않았다. 공부는…, 잠을 좀 덜 자면 되겠지 뭐. 지하철에서 내리자마자 뛰다시피 발걸음을 재촉했다. 노래를 부르며 경기장으로 향하는 팬들의 무리를 뚫고 미디어 게이트로 전투적으로 향했다. 킥오프 5분 후에 간신히 기자석에 앉았다. 11월말이라 꽤 추운 날이었는데 땀을 삘삘 흘려서 목도리도 풀고, 코트도 벗었다. 관계자가 오늘 왜 이렇게 늦게 왔냐며 묻기에, "아, 안 오려고 했는데 우영이 이름이 올라와 있어서 달려왔지!"라고 답했다. 주변 동료 기자는 오늘 한번 기대해보자며 엄지를 척 세웠다.

정우영은 이날 뛰지 않았다. 그래도 믹스트 존 인터뷰는 놓칠 수 없었다. 보통 벤치에만 앉아 있던 선수들은 비교적 퇴근을 일찍 하기에 나는 잽싸게 내려가 정우영을 기다렸다. 곧 붉은 트레이닝복을 걸친 정우영이 나왔다. 늘 로번, 레반도프스키가 열고 나오던 문을 통해 정우영이 등장하다니. 감격스러웠다. 그래도 아직 뛰지는 않았으니, 들뜬 마음은 감추고 차분히 명단에 든 소감과 가까이에서 분데스리가 분위기를 경험한 느낌 등을 물었다. 그리고 언젠가 경기에서 뛴 다음에 길게 인터뷰하자고 약속했다.

그 언젠가는 바로 이틀 후였다. 주중 UCL, 벤퍼카전이 열렸다. 경기 일정이 빽빽하고 이미 UCL 16강 진출도 확정된 상태라 이번 라인업에는 힘을 좀 빼지 않을까 예상했다. 마침 이틀 전 정우영이 벤치에 앉았으니, 이번에도 명단에 이름이 올라가지 않을까. 잔뜩 기대하며 알리안츠 아레나로 향했다. 아니나 다를까 정우영은 또 명단에 올랐다. 그리고 선발 라인업을 천천히 훑어보는데, 갑자기 느낌이 왔다. 오늘 데뷔하겠구나! 나름의 근거가 있다.
교체 멤버를 살펴보니 정우영과 함께 2군에서 올라온 수비수 조
나단 마이어와 골키퍼 스벤 울라이히가 있다. 중원 멤버로는 하비
마르티네스, 메리탄 샤바니, 측면 공격수로 헤나투 산체스와 정우
영, 그리고 중앙 공격수로 산드로 바그너가 이름을 올렸다. 골키
퍼와 수비수는 선발 멤버가 부상을 입지 않는 이상 교체할 가능성
이 제로에 가깝다. 레반도프스키 역시 교체될 확률이 낮으니 바그
너도 기회를 잡기가 쉽지 않다. 가능성이 높은 선수는 마르티네스
와 샤바니, 산체스 그리고 정우영이었다. 레온 고레츠카의 체력이
그리 좋지 않아서 마르티네스가 투입될 확률이 높았고, 레반도프
스키를 제외한 공격진에서 두어 명이 교체될 것 같았다. 그렇다면
산체스가 투입될 테고, 남은 교체 카드 한 장은 정우영이 가져가
지 않을까? 일찍이 승기를 잡으면 체력 안배를 위해 주전을 얼른
빼겠지.

설레는 마음으로 기자석에 올라갔다. 동료 기자들한테 "오늘
우영 데뷔할 것 같아!"라며 설레발을 잔뜩 쳤다. 경기는 바이에른
이 완전히 주도하며 골을 펑펑 터뜨렸다. 나의 설렘은 더 커졌다.
진짜 데뷔하겠는데?

후반전이 됐다. 첫 교체 카드가 나왔다. 산체스가 들어가고
아르옌 로번이 나왔다. 내 예상이 반은 맞고, 반은 틀렸다. 그가 토
마스 뮐러와 교체될 거로 생각했다. 정우영이 들어간다면 로번 혹

챔피언스리그 데뷔를 앞둔 정우영

은 리베리의 자리에서 뛸 텐데, 로번이 경미한 부상으로 예상치 못하게 경기장을 빠져나갔다. 그렇다면 이제 리베리 한 명이 남았다. 제발. 그때 벤치를 보니 바그너가 유니폼으로 갈아입으며 들어갈 채비를 한다. 내 시나리오에 없던 교체인데? 레반도프스키를 뺀다고? 아니, 심지어 리베리가 빠지고 바그너가 들어갔다. 아, 이럴 수가. 이렇게 정우영의 데뷔 기회는 사라지는 걸까? 잔뜩 긴장했던 몸에 힘이 쭉 빠졌다. 정규시간은 이제 겨우 10분 남았다. 교체카드를 다 안 쓰려는 걸까. 니코 코바치 감독은 여유로워 보였다. 들어가도 마르티네스가 들어가겠지. 나는 슬슬 기대를 접었다.

그때였다. 갑자기 내 시야에 등번호 20번이 잡혔다. 정우영이다. 정우영이 유니폼을 갈아입고 코바치 감독 옆에 서서 지시를 받고 있었다. 아찔했다. 손이 덜덜 떨렸다. 심장이 요동쳐서 타자도 안 쳐지고, 그렇다고 핸드폰도 손에 잡히지 않았다. 정우영은 뮐러와 교체되어 투입됐다. 그 순간을 영상으로 남긴 줄 알았더니 녹화 버튼도 안 누르고 있었다. 그 정도로 정신이 없었다. 모든 순간이 슬로우 모션처럼 흘러갔다. 경기장 안에서 20번 정우영의 모습밖에 보이지 않았다. 내가 그토록 좋아하고 응원했던 이 클럽에서 한국인 선수가 데뷔하는 모습을 직접 보다니. 나에게 축구 기자라는 꿈을 꾸게 해준 이 클럽에서 정우영이 뛰는 모습을 보다니. 심지어 뮐러와 두 손을 부딪치며 교체되다니. 정우영이 한 단계, 한 단계 성장하는 모습을 지켜봐서 그런지 감격이 더 컸다. 정

"뮐러가 미친듯이 즐기라고 했어요!"

우영이 뛰는 내내 일하러 왔다는 내 본분을 까맣게 잊고 황홀한 10분을 즐겼다. 경기 후 그는 노이어, 뮐러, 레반도프스키의 격려를 받으며 함께 서포터즈 앞으로 가서 방방 뛰며 승리 셀러브레이션을 즐겼다. 이 모든 게 너무 환상 같았다. 그가 경기장을 빠져나간 뒤 나도 재빨리 믹스트 존으로 향했다. 정우영이 믹스트 존에 등장하자 독일 기자들은 일제히 그를 사진으로 담았다. 나는 새어 나오는 웃음을 감추지 못하며 그의 이름을 불렀다. 내가 여기서 한국인의 이름을 부르고, 한국어로 인터뷰를 하게 될 줄이야. 궁금한 게 너무 많아서 우리는 20분가량 인터뷰를 진행했다. 이 모습이 신기했는지 독일 언론에서 '정우영이 한국인 기자와 20분이나 인터뷰를 했다'라며 기사로 담기도 했다. 내가 제일 궁금했던건 뮐러와 교체되던 순간이었다. 뮐러가 그에게 무어라 말하는 모습을 봤다. "Viel Spaß, Weiter Vollgas!"라고 뮐러가 말했단다. "즐겨라, 계속 미친 듯이 달려!"라는 뜻이다. 평소 정우영은 훈련장에서도 동료들에게 "Vollgas"라는 단어를 많이 듣는다. 그가 항상 전력을 다해 달리기 때문이다. 뮐러가 "계속"이라고 말한 이유다. 그말을 전해 듣는데 내가 다 흥분되고 설렜다. 나의 이 인터뷰는 향후 다양한 콘텐츠로 인용이 됐다. 이 역사적인 순간을 현장에서취재할 수 있어 영광이었다. 기자로서 뿌듯한 취재 현장을 돌아볼때 빠지지 않고 등장하는 장면이다. 뮐러와 교체되는 정우영. 아마도 아주 오랫동안 내 머릿속에 잔상처럼 그 순간이 남아 있을것이다. 언젠가 으스대며 이렇게 말하는 날이 오겠지.

"내가 말이야, 바이에른 뮌헨에서 최초로 데뷔하는 한국인을현장에서 봤다구!"

▶

▶

두유 노 사네?

내가 독일로 간다고 했을 때 동료들에게 숱하게 들었던 말이 있다.

"야, 두유 노 '차붐', 두유 노 '쏜' 이런 거 하지 마라."

박지성, 김연아 등 세계적으로 유명한 한국 스타들이 나오면서 유행한 질문이다. 외국인 만나면 맨체스터 유나이티드 박지성 아느냐고 물어보기. 시간이 많이 흘러 이제는 촌스럽게 느껴지는 질문이 되었다. 특히 해외에 파견 나온 기자들에게는 거의 금기처럼 되고 있다. 내가 뮌헨에 온 이유는 사실 한국 선수 때문이 아니라 분데스리가를 취재하고 싶었기에 저런 질문에는 크게 관심이 없었다. 오히려 내가 역으로 당하는 경우가 많았다. 취재하러 여기저기 다니다 보면 기차 안에서 다양한 축구 팬을 만난다.

옆자리에 누가 앉기라도 하면 십중팔구 내게 말을 걸어온다. 맥주를 마시고 이미 얼굴이 벌게진 팬들로 가득 찬 기차 안에서 웬 여자애가 혼자 노트북을 두드리고 있으니 그들 눈에도 신기해 보일 터. 나도 축구를 보러 간다고 하면 어느 나라에서 왔는지 물어보고, 한국이라고 말하면 곧바로 "붐 차!"라며 반가운 이름을 들려준다. '차범근'의 독일 내 위상은 이미 너무 많이 알려져 있어서 큰 관심이 없었는데, 현지에 와서 그 위력을 새삼 실감했다. 독일에 사는 내내 나이 지긋한 축구 팬을 만날 때마다 숱하게 들어야 했던 것이다.

2019년 여름에는 또 다른 놀라운 경험을 했다. 바이에른이 알리안츠 아레나에서 개최하는 2019 아우디컵에 토트넘이 초청됐다. 오랜만에 손흥민을 취재할 생각에 신이 났다. 대회 규모는 작지만 한국 최고의 스타이기에 사진과 영상으로만 담아도 충분히 가치 있는 현장이 될 것 같았다. 나는 손흥민이 경기 전 몸을 푸는 모습부터, 경기장 위에서 뮐러와 담소를 나누는 모습, 동료들과 장난치며 노는 모습 등을 열심히 영상으로 담았다. 이것만으로도 성공적이었다. 사실 크게 질문할 거리는 없어서, 프리 시즌 준비 과정과 월드컵 최종예선 등에 대해 물었다. 이 대회에서 토트넘은 바이에른을 이기고 우승했다. 친선 대회지만 우승은 우승. 퇴근하는 토트넘 선수들의 기분이 좋아 보였다. 손흥민이 문을 열고 나왔다. 한쪽에서 한국 취재진이 모여서 그를 기다리고 있었다. 그때 조금 더 앞쪽에 자리한 독일 취재진 무리가 "쏘니"라고 부른다. 아, 그렇지. 손흥민은 독일어를 유창하게 하지. 독일을 상대로 골을 넣은 한국 국가대표이자, 분데스리가 출신이자, 프리미어리그 스타 손흥민은 독일에서도 인기 취재원이었다. 독일어도 가능한 선수이니 당연했다. 나는 잽싸게 그쪽으로 가서 영상을 켰다. 손흥민이 독일어로 인터뷰하는 영상은 무조건 화제가 될 테니까. 〈스카이스포츠Skysports〉, 〈슈포르트아인스〉, 〈빌트〉, 〈키커〉 등 유력 매체들이 줄을 이어 그에게 질문을 던졌다. 프리미어리그와 분데스리가의 차이, 토트넘의 우승 가능성, 프리시즌 준비 과정 등등 나올 법한 질문들이 전부 등장했다. 손흥민은 막힘없이 능숙하게 답변했다. 특히 프리미어리그와 분데스리가를 비교해달라는 뻔한 질문에도 능수능란하게 대처했다. 트레이드마크인 환한 미소를 지으면서 말이다. 그런 손흥민의 말문을 턱 막히게 한 질문이 있었으니….

내 왼쪽에 있던 기자가 물었다. "프리미어리그에서 뛰고 있으니까 지금 독일에서 많이 거론되는 선수의 이름을 알 텐데, 르로이 사네라고… 사네가 바이에른으로 이적한다는 설이 돌고 있는데 네가 보기엔 어때? 바이에른에 잘 어울릴 것 같아?"

내가 잘못 이해했나? 내가 방금 뭘 들은 거지? 손흥민의 표정을 보자 내가 제대로 이해한 게 맞았다. 할 말을 잃은 듯한 표정으로 코를 긁고 있다. 여유롭던 손흥민의 모습은 온데간데없이,

더듬거리며 말을 이어갔다. "내가 뭐라고 대답해야 할지 모르겠어. 내가 말할 부분이 아닌 것 같아. 내 동료도 아닐뿐더러…" 그의 대답이 불만족스러웠는지 기자는 다시 한번 "아니, 그냥 어떨 것 같은지만 얘기해주면 돼"라고 탈압박을 했다. 손흥민은 한숨을 푹 쉬더니 마지못해 "뭐라고 해야 할지 모르겠지만 그는 훌륭한 선수이고 맨체스터 시티에서도 잘 해냈어"라고 말했다. 분위기는 순식간에 싸늘해졌다. 손흥민은 더 머물고 싶지 않은 듯 "내가 더 말할 수 있는 건 없다"라며 마지막으로 엄지를 날려준 후 유유히 떠났다. 다른 독일 취재진도 그를 더 잡지 않았다. 이 영상을 따낸 나는 생각했다. 이건 대박이다.

손흥민이 독일어로 유창하게 인터뷰를 하는 것도 모자라, "두 유 노 사네?"까지 당하다니. 과거에는 반대 입장이었는데 말이다. 이어서 손흥민은 한국 취재진과 인터뷰를 이어갔지만 별로 흥미로운 내용은 없었다. 나는 이미 머릿속으로 손흥민의 독일어를 번역하고 있었다. 손흥민이 떠난 후 곧장 기자실로 가서 노트북을 펴고 빠르게 번역을 시작했다. 한국에 있는 영상팀에 번역 자료와 영상을 보내준 후 기사를 썼다. 제목은 '독일 기자의 사네 이적 질문… 난처했던 손흥민'이었다. 손흥민은 표정을 쉽게 숨기지 못하는 특징이 있다. 그가 난처해하고, 황당해하고, 당황스러워하는 표정이 고스란히 영상에 담겼다. 적절한 표정을 찾아서 캡처를 한 후 작업해서 메인 사진으로 올렸다. 아우디컵 우승이 다 무슨 소

'두유 노 사네?'를 당하고 온 손흥민

용이야. 오늘은 '두유 노 사네?'의 날이다. 예상대로 이 기사는 대박이 났다. 영상도 유튜브에 올라가자마자 조회수가 폭발하기 시작했다. 손흥민도 손흥민이지만, '두유 노~'를 한국인 선수가 역으로 당했다는 점이 축구 팬들을 자극한 것 같다. 우리 축구 선수가 이 정도 위치에 올랐구나.

　　마지막으로 어디에서도 말하지 않은 비밀을 이 책에서만 특별히 말하겠다. 해당 질문을 던진 언론사는 바로 〈슈포르트아인스〉다. 쉿, 비밀!

▶

▶

킴미히와 함께
직관을

　　　　　　나는 킴미히를 좋아한다. 축구도 잘
하고, 경기장에서 항상 120%를 쏟아낸다. 동료들을 사정없이 다
그치는 모습은 또 얼마나 섹시한지. 무엇보다 앞서 말했듯, 킴미
히는 말을 잘한다. 자기가 하고자 하는 이야기를 또박또박 정확히
설명한다. 자기 뜻이 제대로 전달된 것 같지 않으면, 다시 언급하
며 의사를 확실히 밝힌다. 내가 그를 특별히 더 좋아하는 이유는
취재진을 대하는 태도에 있다. 보통 선수들은 믹스트 존에서 인터
뷰할 때 적으면 5명, 많으면 30명가량의 취재진을 상대한다. 마치
선수 한 명을 커다란 산이 둘러싼 듯한 풍경이 연출된다. 멀리 있
는 기자가 질문을 건네면 선수는 어디에서 질문이 들어온 지도 모
른 채 그저 먼 산을 응시하며 대답한다. 어쩌면 당연하다. 하지만

킴미히에게는 당연하지 않다. 그는 질문을 건넨 기자를, 설령 그가 뒤쪽에 있더라도, 어떻게든 찾아서 눈을 맞추며 대답한다. 본인이 자리를 옮기는 데도 주저함이 없다. 오른쪽으로 향하고, 왼쪽으로 향하며 인터뷰를 이어 나간다. 자주 움직이는 킴미히 덕분에 커다란 산도 덩달아 함께 움직이는데, 가끔 그 모습을 뒤에서 보고 있으면 대충 예상이 가능하다. 저기 어디서 킴미히가 또 움직이고 있구나. 그런 킴미히의 남다른 배려와 예의를 보면서 '한국에서 온' 나는 그를 늘 특별하게 여긴다. 사람 냄새가 난달까. 믹스트 존에서도 저런 모습이면, 일대일로 대화를 나눌 때는 어떨까?

궁금증을 해소할 기회는 뜻밖의 타이밍에 찾아왔다. 정우영의 경기를 취재하러 그륀발데어 슈타디온으로 향했다. 1860 뮌헨과 바이에른 2군이 공유하는 홈구장이다. 정우영이 뛰던 시절 바이에른 2군이 승승장구하고 있었기에 취재진도 꽤 많았고, 종종 하산 살리하미지치 바이에른 이사가 경기를 보러 오기도 했다. 코로나19로 무관중 경기가 열렸기에 구단 관계자나 선수들이 마음 편하게 경기장을 오갔다. 3월, 존넨호프 그로스아스파흐전을 취재하러 갔을 때는 뜻밖의 손님이 찾아왔다.

전반전이 끝나고 기자실로 내려가 따뜻한 차를 마셨다. 3월이지만 아직 날이 쌀쌀했다. 차를 다 마시고 화장실에 들러 손을 씻은 뒤 다시 기자석으로 올라가기 위해 계단으로 향했다. 그때 아기를 안고 있는 한 남자와 마주쳤다. 아기가 너무 귀여워서 나

취재진의 질문에 대답하는 킴미히

도 모르게 "아, 너무 귀여워!"라고 탄성을 내뱉었다. 남자는 웃으며 고맙다고 했다. 이 귀여운 아기의 아빠는 누구일까 얼굴을 확인한 순간, 깜짝 놀랐다. 킴미히였다. 그동안 믹스트 존에서 서로를 숱하게 봐와서인지, 우린 자연스레 안부를 주고받았다. 아기의 성별을 묻자 아들이란다. 알고 보니 전반전 내내 내 옆에서 당시 여자친구(현 부인)인 리나, 아기와 함께 경기를 보고 있었다. 같이 기자석에 도착했다. 입구가 좁아서 나는 아기를 안은 아빠를 위해 흔쾌히 길을 내어줬다. 그러자 킴미히는 "아니야, 괜찮아. 너 먼저 가"라며 본인이 오히려 옆으로 빠졌다. 아, 이 매너 뭐죠? 킴미히에게 또 반해버렸다.

후반전이 흐르는 내내 나의 모든 신경은 킴미히에게로 향했다. 정우영에 관해 물어볼까? 말까? 이 경기 어떻게 생각하는지 잠깐 물어볼까? 철저히 기자 입장에서 생각하면 물어보는 게 당연하다. 이렇게 좋은 취재원이 내 옆에 있는데 놓치면 바보다. 그가 '정우영은 정말 열심히 하는 선수다'라는 한 마디만 내뱉어줘도 메인감이다. 그런데 고민이 된 이유는, 킴미히라서다. 킴미히는 상대를 늘 존중해주는데, 내가 저 화목한 사생활을 감히 침범해도 되는 걸까. 편안하게 가족과의 시간을 보내는 그에게 덥석 인터뷰를 요청하는 게 과연 옳은 일일까. 내 머릿속에서 두 개의 자아가 계속 충돌했다. 그러다 결론을 내렸다. 그의 개인 시간을 존중하자. 오늘 내가 인터뷰를 요청하면 다시는 쉬는 날에 2군 경기를 보러 오지 않을지도 모른다. 그의 직관을 방해하지 않기로 결정을 내리고 나니 마음이 한결 편해졌다. 우리는 함께 엉덩이를 들썩거리며 경기를 즐겼다. 경기 종료 15분 전 킴미히는 먼저 자리에서 일어났다. 짤막하게 인사를 건넨 후 그는 아들을 안고 유유히 사라졌다. 편안한 표정의 킴미히를 보니, 오늘 내가 내린 결정은 백 번 옳았다는 생각이 들었다. 덕분에 내 기억 속에도 킴미히와의 잔잔한 추억으로 자리 잡았다.

물론, 여전히 아쉬움이 남는 건 어쩔 수 없다.

▶

▶

세계 최고는
못 참지!

바이에른은 알면 알수록 대단한 클럽이다. 그들이 세계 최고의 클럽이 된 데는 다 이유가 있다. 막대한 자금력에서 비롯된 공격적인 마케팅, 세계적인 선수 영입 등도 중요한 이유지만, 내가 바이에른을 취재하면서 느낀 차별점은 하나다. 그들은 최고가 아니면 취급하지 않는다.

바이에른은 독일에서 가장 보수적인, 바이에른주의 주도 뮌헨을 대표하는 클럽이다. 독일은 전반적으로 보수적인 분위기가 깔려 있지만 바이에른주가 특히 심하다. 분데스리가도 그 분위기를 고스란히 이어받았다. 50+1룰이 대표적이다. 돈이 좌우하는 현대 축구에서 투자가가 아닌 팬의 영향력이 여전히 더 큰 리그다. 분데스리가는 여기에 큰 자부심을 갖고 있다. 바이에른이 14

믹스트 존과 기자회견실의 풍경

년 동안 항공사 루프트한자와 파트너십을 맺은 것도 비슷한 연유
에서다. 루프트한자는 독일을 대표하는 항공사다. 독일을 대표하
는 클럽이, 독일의 정체성을 가진 항공사와 협업하는 그림은 너무
나 자연스럽다. '우리의 것'을 홍보하는 효과도 톡톡히 냈다.

　　그 관계는 2018년에 끝났다. 누구도 예상하지 못한 일이었
다. 바이에른이 루프트한자에 먼저 이별 통보를 했다. 그리고 카

타르 항공과 새로운 스폰서 계약을 맺었다. 독일 최고의 항공사와 계약을 종료하고, 카타르 항공이라니. 뜻밖의 행보였다. 독일 언론은 다양한 추측성 기사를 쏟아냈다. 평소 울리 회네스 전 회장과 식사 자리를 종종 갖는 동료 기자가 진짜 이유를 설명해줬다. "간단해. 루프트한자는 순위가 계속 떨어지고 있고, 카타르 항공은 세계 1위가 됐으니까."

'와, 무서운 녀석들.'

생각해보니 알리안츠 아레나는 세계에서 가장 아름다운 경기장으로 손꼽히고, 세계 최고의 공격수 레반도프스키는 이곳에서 전성기 시절을 보냈다. 바르셀로나에 트레블을 안긴 당대 최고의 감독 펩 과르디올라도 모셔왔다. 유소년들을 위해 최고의 시설을 갖춘 바이에른 캠퍼스를 설립했다. 바이에른 2군을 3부 리그 챔피언으로 끌어올렸다. 취재진에게 가장 호화로운 서비스를 제공하는 구단으로도 통한다. 매번 으리으리한 뷔페를 차릴 정도니 말 다 했다.

2019년 여름에도 바이에른은 다시 한번 최고를 품었다. 2018 월드컵 우승국이었던 프랑스의 수비수, 뱅자맹 파바르와 뤼카 에르난데스 두 명을 영입했다. 심지어 에르난데스 영입을 위해 무려 1,500억 원을 지출했다. 늘 독일 대표팀 선수들을 주축으로 선수단을 꾸리던 바이에른의 '파격적' 행보였다. 세계에서 제일 잘 나가는 풀백을 위해 돈을 아끼지 않는 바이에른이라니. 심지어

레반도프스키가 골을 넣었다

프랑스 선수를 영입하기 위해. 바이에른을 오래 취재한 현지 기자들도 처음엔 놀란 눈치였지만 이내 수긍했다. 이후 둘의 활약상은 안타까울 정도로 미미했지만.

여러 방면에서 최고가 되어야 하는 구단의 철학은 선수들에게도 고스란히 전해졌다. 2, 3위를 전전하다 1위로 오른 직후 뮐러는 외쳤다. "우리가 돌아왔어! 돌아왔다구!" 마치 1위는 늘 자신들의 자리인 것처럼 말한다. 한 번 1위 자리에 오르고 나면 하루빨리 조기 우승을 확정 짓고 싶어서 제대로 박차를 가한다. 마치, 우승팀은 정해져 있고 지금부터는 시간문제라는 듯이. 이런 마인드가 바이에른을 계속 높이 끌어올리고 있다.

이렇게 안팎으로 '최고'의 메이킹을 한 덕에 바이에른은 으리으리한 클럽으로 이미지를 굳혔다. 잊을 만하면 등장하는 트레블(리그, UCL, 포칼 우승) 덕분에 명성도 꾸준히 유지하고 있다. 보는 이에 따라 오만해 보일 수도 있지만, 한국에서 온 기자의 시선으로 봤을 때는 재밌고 신선했다. '개천에서 용 나는' 전형적인 신데렐라 스토리가 아닌, 원래 잘나가는 애들이 5년, 10년 후에도 떵떵거리며 사는 모습. 가끔 그런 스토리의 영화가 끌릴 때도 있지 않은가. 그래서 나는 바이에른이 흔들려도 크게 걱정하지 않는다. 저러다 또 어디서 최고의 선수를 데려오고, 최고의 감독을 앉히겠지. 최고의 투자자를 잡아서 마케팅 효과를 극대화하겠지.

세계 최고는 못 참는 클럽. 아, 매력적이다.

▶
▶

나의 소중한 인연,
줄리엣

　　내가 바이에른과 도르트문트의 경기를 취재하는 순간이 오다니. 2018년 4월 1일, 알리안츠 아레나로 향하는 길목의 분위기는 어느 때보다 뜨거웠다. 노란색 유니폼을 입은 팬들과 빨간색 유니폼을 입은 팬들이 뒤섞여 경기장으로 향하는 모습을 바라보자 어쩐지 나까지 긴장되는 기분이었다. 과연 어떤 경기가 펼쳐질까. 분데스리가의 오랜 팬으로서 이런 경기를 취재하기 위해 노트북을 들고 간다는 사실이 벅차올랐다.

　　기자실에 도착했다. 여느 때와 다름없이 커피 한 잔을 뽑아 테이블에 자리를 잡았다. 매치업 포인트를 정리하다 보니 어느덧 뷔페가 차려졌다. 으깬 감자와 고기, 구운 콩을 담아왔다. 잠시 노트북을 덮고 구단 매거진을 읽으며 배를 채웠다. 그때, 한 앳된 기

알리안츠 아레나에서 처음 만난 날

자가 내게 와서 "혹시 같이 앉아서 먹어도 될까?" 하고 물었다. 긴 생머리에 체구가 작았지만 당차고 밝은 에너지가 느껴지는 사람이었다. 나는 흔쾌히 그러라고 했다. 그는 내게 "오늘 사람 진짜 많지? 밥을 먹을 자리를 찾기 쉽지 않네!" 하며 자연스럽게 말을 걸었다. 아직 독일어로 하는 스몰톡이 익숙하지 않았던 나는 "그치, 근데 경기 너무 기대돼!" 하고 다소 엉뚱한 대답을 했다. 그는 나의 서툰 독일어를 눈치채고 어느 나라에서 왔는지 물었다. 한국이라고 하자 갑자기 두 눈이 커졌다. "진짜? 나 작년에 서울이랑 수원에 갔는데!"

서울은 그렇다 쳐도, 수원? 의아했다. 보통 한국으로 여행 가면 서울과 부산을 갈 텐데 수원이라니. 왜 갔냐고 묻자 "나 콜롬비

혼자 길거리에서 리포팅을 하는 줄리엣

아 기자거든! 작년에 콜롬비아가 수원월드컵경기장에서 한국이 랑 A매치 치렀잖아. 그때 거기 가서 취재했어!"라고 답한다.

　　놀랐다. 나 역시 같은 날 그 경기장에서 취재했기 때문이다. 하메스 로드리게스가 온다는 사실만으로 후끈 달아올랐던 매치 업. 손흥민이 골을 넣고 한국이 이겨 모든 게 완벽했던 경기. 그날 경기장의 온도, 습도, 분위기, 선수들의 얼굴, 취재진의 열기 등 하 나부터 열까지 생생히 기억에 남아 있다. "나도 거기 있었어!" 그에게 말했다. 동시에 불현듯 떠올랐다. 그날 경기장에서 오며 가며 마주쳤던 몸집이 작지만 당찼던 리포터. 믹스트 존 맨 앞에 서서 콜롬비아 선수들을 인터뷰하던 모습이 떠올랐다. 당시 스페인어를 구사하는 한국 기자 동료들이 그에게 콜롬비아 국가대표에 대해 묻고, 하메스가 어떤 대답을 했는지 정보를 얻기도 했다. 그가 바로 지금 내 앞에 앉아 있었다.

그의 이름은 줄리엣. 우리는 수원월드컵경기장에서 함께 취재했던 사실을 알자마자 급속도로 친해지기 시작했다. 서로가 동갑이라는 사실까지 알았을 정도면 말 다했다. 줄리엣은 베를린에 산다. 〈도이체벨레Deutsche Welle〉라는 글로벌 미디어의 리포터다. 나보다 3년 일찍 독일에 와서 자리를 잡고, 독일어를 배우고, 일을 하기 시작했다. 독일에 온 이유는 "축구가 좋아서"란다. 나와 이유가 정확하게 일치했다. 나도 같은 이유로 독일에 왔고, 기왕이면 독일 최고의 축구팀을 취재하고 싶어 뮌헨에 왔다고 했다. 성별이 같고, 외국인이고, 축구를 좋아하고, 독일어를 배운다는 점에서 우리는 서로를 마치 이전에 알던 사이처럼 이해하기 시작했다. 연락처를 교환하고 거의 매일 메시지를 주고받았다. 이미 분데스리가 취재를 꽤 다녀 충분히 친한 동료가 많을 텐데 내게 이렇게 친밀감을 표현하다니. 어쩌면 그동안 '외국인' 리포터로서 알게 모르게 외로운 포지션에 있진 않았을까. 동지가 생겨 기뻐 보였다.

우리는 바이에른의 홈경기가 열릴 때마다 같이 커피를 마시고, 밥을 먹었다. 기자석에서도 서로의 옆자리가 비면 슬쩍 나란히 앉기도 했다. 리포터인 그는 내가 끝없이 타자를 두드리는 모습을 보며 놀라워했다. 나 역시 경기가 시작되면 머리를 질끈 묶고, 안경을 쓰고 수첩에 열심히 경기 내용을 써 내려가는 그의 모습이 인상 깊었다. 그 메모를 통해 인터뷰지를 만든다고 한다. 괜히 작은 체구에서 뜨거운 에너지가 느껴지는 게 아니었다. 그는 축구를 진심으로, 열정적으로 대했다. 심지어 축구를 더 이해하고 싶어서 지도자 수업까지 받는 중이었다. 선수 출신이 아닌 데다가, 독일어도 모국어 수준이 아니라 어려움이 있지만 알면 알수록 질문의 종류도 다양해지고, 선수들과 더 많은 이야기를 나눌 수 있어 기쁘다고. 매일 새벽에 일어나 공부하고, 훈련에 참여하고, 또 리포터 일까지 병행하는 그의 일상을 들으며 정말 놀라웠다. 배울 점이 많은 친구였다.

점차 경기장 밖에서도 만나기 시작했다. 함께 브런치를 하고, 밥을 먹고, 맥주를 마시며 시간을 보냈다. 대화의 범위는 점점 넓어졌다. 콜롬비아와 한국 문화, 사회적 분위기부터 서로의 가족 이야기까지. 닮은 점이 많아 신기했다. 종종 정보를 교환하기도 했다. 그는 손흥민의 정보를 가장 궁금해했다. 나는 최선을 다해 소식을 전했다. 덕분에 누구보다 생생하게 하메스의 최신 정보를 들을 수 있었다. 그의 요즘 기분은 어떤지, 어떤 생각을 갖고 있는지 등. 심지어 스페인 선수들과 친분도 있었다. 특히 하비 마르티네스와 친했다. 마르티네스가 바이에른을 떠나고 싶어한다는 정보도 줄리엣을 통해 들었다. 줄리엣에게 동의를 구해 기사로 쓰기도 했다.

우리는 심지어 한국에서 한 번 더 만났다. 2019년 잠시 한국에 갔을 때, 콜롬비아 대표팀이 또 A매치를 치르러 한국을 방문했다. 경기는 서울월드컵경기장에서 열렸다. 그때 줄리엣이 서울에 출장을 왔다. 우린 경기장에서 만나 함께 경기를 보고, 하메스를 인터뷰했다. 하메스가 영어 인터뷰를 거부한 탓에 하마터면 멘트를 따내지 못할 뻔했으나, 줄리엣 덕분에 하메스의 말을 전할 수 있었다. 경기 다음 날 함께 서울의 한 카페에서 커피를 마시며 또 한참 즐거운 시간을 보냈다.

우리의 행복한 시간은 얼마 가지 못했다. 하메스가 레알 마드리드로 이적을 하며 줄리엣이 알리안츠 아레나를 찾는 횟수가 줄어들었다. 사실 거의 없었다. 황희찬이 잘츠부르크를 떠난 이후 잘츠부르크에 발길을 끊고, 이재성이 킬을 떠나며 킬에 더는 가지 않는 것과 똑같다. 가끔 콜롬비아나 스페인 선수가 있는 팀이 뮌헨으로 원정을 올 때 방문하는 정도였다. 그래도 우리는 연락을 유지했다. 뮌헨에 놀러 올 때마다 만나서 근황을 주고받았다. 함께 '외국에서 온 기자와 리포터로 사는 삶'에 대한 짧은 영상을 찍기도 했다. 내가 질문을 만들어왔고, 줄리엣이 전반적인 진행을 맡으며 나름 호흡이 좋았다. 영상을 통해 우리가 강조한 결론은

이랬다. 우리의 포지션은 현지 기자와 똑같지 않으니 더 다양한 능력을 가져야 하고, 노력해야 한다.

2020년부터 줄리엣은 작은 라디오 방송국에서 분데스리가 경기를 해설한다. 지도자 수업을 이수한 덕분에 그는 작은 유소년 팀의 감독으로도 활동한다. 다각도에서 축구를 다루는 그의 열정과 멈추지 않는 발전은 내게도 큰 동기부여가 됐다. 책을 쓰는 용기를 준 것도 역시 줄리엣이다. 그는 이미 2년 전에 콜롬비아에서 자신의 커리어를 담은 책을 출간했다. 그러면서 내게 "너의 이야기는 정말 멋지고 사랑스러워. 언젠가 꼭 책을 쓰길 바라"라고 말했다. 그때는 '내가 무슨…'이라며 한 귀로 흘렸는데, 흘린 줄 알았는데, 계속 내 마음에 남아 있었다.

나의 첫 바이에른과 도르트문트전 취재에서 가장 기억에 남는 건 골도, 팬도 아닌 바로 줄리엣과의 우연한 만남이다. 수원월드컵경기장에서 스치듯 봤던 그와 알리안츠 아레나에서 다시 만나 이렇게 가까워질 줄 누가 상상이나 했겠나. 줄리엣은 지금도, 앞으로도 내게 더없이 소중한 인연으로 남을 것이다.

PART
2

유럽파
선수들과
생긴 일

어떤 이야기를 쏟아낼까?

저 선수 머릿속에 지금

꽁꽁 감춰둔 생각은 무엇일까?

그 생각을 듣고, 글로 옮겨

세상에 공개하는 일은 정말 매력적이다.

▶
▶

여기가
구자철의 도시입니까?

한국 기자가 독일에 오면 반드시 거쳐야 하는 곳이 있다. 바로 아우크스부르크다. 지동원, 구자철, 홍정호, 일명 '지구홍 트리오'가 동시에 주전으로 뛰던 전설의 도시다. 내가 있을 때는 '지구특공대'였다. 홍정호가 중국으로 떠난 후여서 아쉽게도 한국인 수비수가 유럽 무대에서 누비는 모습은 보지 못했다.

아우크스부르크로 처음 향하던 날. 그 긴장감을 잊을 수 없다. 뮌헨에 도착한 지 2주도 채 안 됐을 때였다. 2017-18시즌 후반기 개막전인 18라운드를 취재하기 위해 바삐 출장을 떠났다. 아직 뮌헨에도 제대로 적응을 못 했는데 벌써 다른 도시로 이동해야 한다니. 지하철이 아닌 기차를 혼자 타는 것도 처음이었다. 한

아우크스부르크로 가는 기차 안에서

국처럼 앱을 다운받아 온라인으로 티켓을 사면 되는데, 그때는 그런 앱이 있다는 사실도 몰랐다. 출장 하루 전날 미리 중앙역에 가서 아우크스부르크행 티켓을 구입했다. 기차 종류가 다양했지만 비교해볼 마음의 여유가 없었다. 그냥 적당한 시간에, 가장 빨리 가는 기차 티켓을 샀다. 나중에서야 제일 비싼 기차를 이용했다는 걸 알았다. ICE(이체에)라는, 한국의 KTX 같은 기차였다. 아우크스부르크까지 ICE를 타는 사람은 거의 없다. RB(에르베)나 RE(에르에) 같은 무궁화호를 탄다. 30분이면 도착하는 가까운 도시이기에 비싼 값을 지불할 필요가 없기 때문이다. 그러니까 나는 이 사실을 알 때까지 2, 3배 더 비싼 출장비를 지불했다. 삶은 원래 시행착오의 연속 아니겠나. 참고로 회사는 이 사실을 모른다.

구단 매거진 한 켠을 장식한 천성훈(왼쪽) / 잦은 부상으로 몇 번 보지 못한 지동원(오른쪽)

아무렴 어때, 낯선 도시에 무사히 잘 도착했으면 됐지. 처음 가본 아우크스부르크 중앙역은 '이게 다야?'라는 생각이 들 만큼 작았다. 맥도날드 매장이 중앙역의 절반을 차지하고 있었다. 새삼 뮌헨이 대도시라는 걸 느꼈다. 훈련장까지 가는 대중교통 노선이 복잡해 택시를 탔다. 택시기사 아저씨는 내게 아우크스부르크가 얼마나 아름다운 도시인지 설명했다. 그날따라 하늘이 맑고 구름이 예뻐서 아저씨의 설명은 마치 오디오북처럼 느껴졌다. 한참 소도시의 매력에 취해 있다가, 시야에 아우크스부르크 홈구장인 WWK 아레나가 들어왔다. 두근두근. 드디어 유럽 빅리그에서 뛰는 한국인 선수를 보는구나. 구자철은 국가대표팀을 취재할 때 자주 봤지만, 이렇게 독일에서 뛰는 모습을 보는 건 처음이었다.

늘 반갑게 맞이해준 구자철

설레는 마음을 안고 미디어 게이트로 가서 취재증을 받고 기자실로 향했다.

알리안츠 아레나에 비하면 기자실 규모가 아주 작았지만 있을 건 다 있었다. 다양한 종류의 소시지와 빵, 소스, 음료 냉장고, 커피포트 등 배를 채우고 목을 축일 수 있는 푸드 코너가 정갈하게 준비되어 있었다. 달달하고 따뜻한 홍차가 가장 인기 메뉴였다. 나도 소시지로 배를 채운 후 따뜻한 홍차를 커다란 종이컵에 가득 채워 기자석으로 향했다. 가는 길에 선발 라인업을 받았다. 구자철은 당연히 선발이었다. 새삼 더 멋져 보였다. 이 주전 자리를 꿰차기까지 얼마나 많은 노력을 했을까. 실력 좋은 선수가 끊임없이 탄생하는 분데스리가에서 외국인 선수로 살아남기 위해서는 얼마

구자철의 구단 인터뷰가 준비되고 있었다

만큼의 노력을 해야 하는 걸까. 감탄이 섞인 궁금증이 마구 들었다. 지동원은 훈련 중 부상으로 아쉽게 명단에서 제외됐다.

　　기자석에 도착했다. 환경은 열악했다. 3층 꼭대기에 있어 강풍을 온몸으로 맞는 자리였다. 의자와 테이블 간격이 어중간한데다가, 옆자리 사람과 간격은 너무 좁았다. 중계 카메라나 경기장 구조물에 시야가 방해됐다. 축구 기자는 원래 추울 때 추운 데서 일하고, 더울 때 더운 데서 일하는 직업이다. 그래도 이건 너무했다. 아우크스부르크 홈구장은 내가 경험한 기자석 중 역대급으로 추웠다. 홍차는 경기가 시작하기도 전에 다 식어버렸다. 다음에 올 때는 꼭 핫팩을 붙이고 와야겠다고 다짐했다. 보통 경기 전에는 주변을 둘러보면서 서포터즈석에 별일 없는지 체크하거나, 몸

독일 취재진과 독일어로 인터뷰 중

푸는 선수들을 지켜보곤 하는데 여기에서는 불가능했다. 춥다는
것 외에는 아무 생각도 들지 않았다. 오들오들 떨고 있는데 경기
가 시작됐다. 다행히 구자철이 멋지게 경기장을 누비는 모습을 보
면서 잠시 추위를 잊을 수 있었다. 온몸을 잔뜩 웅크리고 우리나
라 선수가 활약하는 모습을 감상했다. 심지어 이날 구자철이 결승
골을 넣으며 경기의 주인공이 됐다. 무려 342일 만에 넣은 골이었
다. 이 귀한 골을 보다니, 감격이 밀려왔다. 신나게 기사를 쓰고 얼

아우크스부르크 팬샵 풍경

른 믹스트 존으로 내려갔다. 어찌나 추웠는지 아랫입술이 계속 떨렸다. 구자철이 나를 보고 다가왔다. 사전에 에이전트를 통해 내가 온다고 전해들은 모양이었다. "아, 오늘 오신다고 들었는데. 반가워요!"라며 먼저 기분 좋게 인사를 건넸다. 아마 골을 넣어서 기분이 더 좋았겠지. 훈훈한 분위기 속에서 득점 소감과 후반기 목표 등을 물었다. 구자철은 "유럽에서 7년 동안 뛰었다. 앞으로도 계속해서 이곳에서 뛰고 싶다. 그러기 위해서는 꾸준히 주전 경쟁을 해야 하고, 좋은 모습을 보여줘야 한다. 가장 중요한 건 꾸준함이다"라고 말했다. 이렇게 많은 걸 이뤄낸 선수가 여전히 초심과 꾸준함을 강조하는 모습에 새삼 놀랐다. 만족스럽게 인터뷰를 끝

선발 명단 시트

내고 가려는데 이번에는 독일 기자들이 그를 에워싼다. 결승골의 주인공을 놓칠 수는 없지. 구자철은 독일어로도 술술 인터뷰를 진행했다. 이날 가장 오래 믹스트 존에 머물렀다. 30분 가까이 취재진을 상대한 그는 차갑게 식은 땀을 수건으로 닦아내며 탈의실로 향했다. "다음에 또 봐요!"

나도 짐을 챙겨 퇴근 준비를 했다. 주섬주섬 가방을 둘러메는데 한 독일 기자가 나를 보더니 말했다. "Koo ist gut(구자철 좋은 선수야)!"

그럼, 좋은 선수고 말고. 유럽을 떠난 지금도 많은 한국인 선수에게 귀감이 되고 있는걸.

▶

▶

황희찬이
땅을 내리친 이유

　　　　　　　　아우크스부르크 도장을 깼다면, 이
번엔 잘츠부르크다. 오스트리아 도시지만 바이에른주와 워낙 가
까워 뮌헨에서도 기차 타고 쉽게 다녀올 수 있다. 오스트리아 분데
스리가는 그리 인기 있는 리그는 아니지만, 황희찬이 뛴다는 것만
으로도 충분히 취재 가치가 있었다. 황희찬도 국가대표 선수니까.

　　2018년 3월, 1박 2일 일정으로 첫 잘츠부르크 취재를 떠났
다. 경기가 저녁에 열려 숙소에서 하루 묵고, 다음 날 황희찬과 인
터뷰를 하기로 했다. 당시 김정민도 잘츠부르크의 위성 구단인 리
퍼링에서 뛰고 있어 함께 묶어서 일정을 기획했다. 누군가 내게 모
차르트의 도시에서 하루를 보내다니 낭만적이라며 부러워했지만,
모차르트 초콜릿을 사 먹을 틈도 없었던 정신없는 출장이었다.

구단 마스코트와 셀카를 남겨둔 황희찬

　중앙역에서 내렸다. 정문으로 나가자 버스 정류장이 온 사방에 깔려 있었다. 구글 맵을 켰는데도 제대로 위치를 잡지 못했다. 우왕좌왕하고 있는데 다행히 유니폼을 입은 팬들이 보이기 시작했다. 경기장 가는 길을 모를 때는 서포터즈를 쫓아가면 된다. 레드불 아레나까지 한 번에 가는 버스가 왔다. 유니폼을 입은 팬들이 우르르 타는 버스에 덩달아 올라탔다. 잘츠부르크의 예쁜 풍경을 눈에 담으며 홈구장으로 향했다. 약 20분 정도 달려 레드불 아레나에 도착했다. 나무로 만들어진 외관이 멋스러웠다. 미디어 게이트가 워낙 구석에 있어서 경기장 한 바퀴를 다 돌고 나서야 찾을 수 있었다. 취재증을 받고, 친절한 관계자의 안내를 받으며 기자실로 향했다. 레드불 산하의 클럽답게 기자실에는 레드불이 종류별로 냉장고에 꽉꽉 들어차 있었다. 카페인 함량만 낮다면 모든 맛을 다 마셔보고 싶었다. 목을 축일 겸 'Sugar free'라 적힌 캔을 하나 집어서 기자석으로 향했다. 그때 관계자가 캔을 들고 들어가지 못하니까, 종이컵에 담아 가라고 했다. 괜히 쓰레기만 더 생길 텐데. 그래도 안전상의 이유 때문이라니 따라야겠지.

푸른색 레드불을 홀짝이며 고즈넉한 분위기의 경기장을 둘러봤다. 경기 시간이 다가오자 관중이 꽉 차기 시작했다. 잘츠부르크와 라피드 빈의 맞대결이었는데 '오스트리아의 엘 클라시코'로 불리는 더비였다. 주전 황희찬은 선발로 나와 풀타임을 소화했다. 전반전과 후반전 내내 골을 넣기 위해 안간힘을 썼지만 아쉽게 득점은 없었다. 그래도 경기는 1-0, 잘츠부르크의 승리로 끝났다.

경기 종료 직후에 잘츠부르크 선수들은 방방 뛰며 기뻐했다. 나는 얼른 영상 녹화 버튼을 누르고 그 사이에서 기뻐하는 황희찬을 찾았다. 그런데 황희찬이 보이지 않았다. 시선을 옆으로 옮기니 그라운드 한가운데에 무릎을 꿇고 고개를 푹 숙인 황희찬의 모습이 보였다. 그는 이내 주먹을 쥐고 땅을 서너 번 내리쳤다. 승자가 아닌 패자에 가까운 모습이었다. 한참 후 일어난 황희찬은 터덜

잘츠부르크 홈경기 매치북 표지를 장식한 황희찬

터덜 걸었다. 그러더니 무언가 결심이라도 한 듯 고개를 다시 들어 동료들을 향해 천천히 달렸다. 그제야 함께 승리를 만끽했다.

의아했다. 설마 골을 못 넣어서? 궁금증으로 가득 찬 채 믹스트 존에 내려가 황희찬을 만났다. 승리로 상기된 표정이 아닌, 아쉬움으로 얼굴이 벌게진 황희찬이 등장했다. 이유를 물으니 "너무 아쉬워서…"라며 말을 흐린다. 풀타임을 소화하고도 팀에 보탬이 되지 못해서 아쉬웠던 거다. 공격 포인트도 기록하지 못한 황희찬은 "너무 부족했다. 많이 부족했다"라며 계속 자책했다. 몰랐던 그의 승부욕과 책임감을 그때 느꼈다. 잘츠부르크는 늘 우승하는 팀이니 어쩌면 조금은 여유롭고 편안하게 축구를 하고 있을 줄 알았다. 이기고도 땅을 내리치며 분노하는 모습을 보며 생각했다. 괜히 유럽에서 뛰는 국가대표가 아니구나. 저 선수는 언젠가 더 큰 무대로 가겠구나. 그게 무려 프리미어리그가 될 줄은 그때는 정말 몰랐다.

▶

▶

'친절 보스' 덕에
뿌듯했던
잘츠부르크 취재

　　밤이 늦어 택시를 타고 숙소로 귀가
했다. 잠은 제대로 잤는지 기억도 나지 않는다. 황희찬의 기사를
쓰느라 새벽 늦게 잠이 들었다. 다음 날이 됐다. 무거운 짐을 안고
잘츠부르크 훈련장으로 향했다. 미디어 담당관 크리스티안 키르
허가 마중을 나왔다. 정해진 인터뷰 시간은 30분이니 이 점을 숙
지해달라는 당부를 받았다. 속으로 '너무 짧은 거 아냐? 사진도 찍
어야 하는데…'라며 투덜거렸지만 알겠다고 했다. 잠시 후 노란
머리 황희찬이 도착했다. 다행히 어제보다 한결 편안한 모습이었
다. 역시 잠이 보약이다. 오전이라 아직 얼굴이 조금 부은 느낌이
었지만 얼른 사진부터 찍었다. 시간을 아끼기 위해서는 지금 찍어
야 한다. 마침 햇살이 좋아서 사진이 화사했다. 열댓 장 찍은 후 인

터뷰를 시작했다. 어제 경기를 비롯해 지난 네 시즌에 대한 회상과 월드컵에 참가하는 각오, 개인적인 목표 등에 관한 이야기를 나눴다. 생애 첫 월드컵을 앞둔 20대 초반 청년은 반짝거렸다. 그곳에서 어떤 모습을 보여주고 싶은지 이미 구상을 마쳤다. 팀을 어떻게 돕고 싶은지 묻자 "내가 앞에서 더 압박하며 한 발 더 뛰면 뒤에 있는 동료들이 역습 타이밍을 잡기 쉬워질 거로 생각한다. 동료들이 조금 더 편히 뛰게 하기 위해 상대를 압박할 예정이다"라고 구체적인 상황 묘사를 했다. 이 친구, 월드컵에 진심이구나. 의미 있는 말을 많이 들을 수 있어서 꽤 성공적인 인터뷰였다.

당장이라도 노트북을 열고 이 생생한 인터뷰를 글로 옮기고 싶었지만 아직 갈 길이 바빴다. 이제 김정민을 만나러 갈 차례다. 그가 뛰는 리퍼링은 잘츠부르크의 유소년부터 2군 선수들이 몸담는 곳이다. 위성 구단으로 불리는 팀으로 잘츠부르크의 유소년 아카데미에서 훈련을 받는다. 김정민과의 약속은 바로 그 아카데미에서 잡았다. 황희찬에게 아카데미에 어떻게 가야 하는지 묻자 "아유, 거기 너무 멀어서 못 가요. 제가 정민이 불러드릴 테니까 경기장 옆에 레스토랑에서 만나자고 해요"란다. 와, 이렇게 친절하다니.

황희찬의 차를 타고 경기장 근처 레스토랑으로 갔다. 이곳에서 선수들이 종종 식사를 한단다. 자리를 잡은 황희찬은 김정민에게 전화를 걸었다. 통화를 1분 정도 하더니 "정민이 곧 온대요. 조

훈련장에서

금만 기다리시면 될 거예요"라고 했다. 이렇게 든든할 수가. 김정민이 올 때까지 함께 기다리기로 했다. 그때 문득 내가 한 가지 간과했다는 걸 깨달았다. 나는 이 인터뷰 약속을 김정민과 개인적으로 잡은 게 아니라, 구단과 공식적으로 잡았다. 황희찬과 김정민의 연락이 구단 관계자에게 전달되지 않았을 가능성이 높았다. 생각지도 못한 불편한 상황이 생길 수도 있었다. 나는 얼른 관계자에게 연락했다. 그는 자기네 유소년 선수들은 함부로 외부 일정을 잡을 수 없다며, 아카데미로 와달라고 부탁했다. 순간 내가 실수를 했다는 생각이 들었다. 김정민에게도 같은 연락을 받은 황희찬은 미안해했다. 대신 아카데미까지 데려다 주겠다고 나섰다. 이렇게 친절한 선수인 줄 몰랐다.

구불구불 이어진 좁은 도로를 지나 아카데미에 도착했다. 정말 축구 외에는 할 게 없어 보이는 곳에 자리한 곳이었다. 대신 시설은 화려했다. 바이에른 캠퍼스보다 훨씬 쾌적하고 좋았다. 황희찬 역시 오스트리아 진출 초반에 이곳에서 지냈다고 한다. 그는 능숙하게 입구의 문을 열고 길을 안내했다. 그가 안내한 길의 끝에서 김정민과 구단 관계자가 나를 기다리고 있었다. 관계자와 반갑게 악수를 나누며 인사했다. 스케줄을 잠시 혼동했다고 가볍게 사과의 말을 건네자 그럴 수 있다며 손사래를 친다. 김정민은 그새 독일어를 배웠다고 "Wie geht's?"라며 능청스레 인사한다. 영어의 'How are you?'에 해당하는 안부 인사다. 김정민의 귀여운 독일어에 관계자와 황희찬 모두 웃었다. 덕분에 분위기가 한층 풀렸다. 사진을 먼저 찍었다. 독사진을 몇 장 찍은 후 황희찬과 귀한 투샷도 건졌고, 영상으로도 담았다. 뜻밖의 수확이었다. 김정민과의 인터뷰는 약 20분 동안 짧게 진행했다. 아직 어리고, 갓 입단한 선수라 적절한 선이 필요했다. 인터뷰가 익숙하지 않은 김정민은 어설픈 표현력으로 최선을 다했다. 동료들이 지나가다 멈춰 서서 구경하면서, 그의 어깨를 툭 치기도 했다. 동료들의 장난 덕분에 김정민은 긴장감을 더 풀 수 있었다. 인터뷰 말미에는 "희찬이 형이 아카데미에 와서 많이 챙겨줘요. 시내도 자주 데려가고, 자신감을 많이 실어줘요"라며 고마움을 전했다. 황희찬과 투샷은 이

아직 사진이 어색한 김정민

대목에 들어가면 되겠다고 생각했다.

　인터뷰를 마친 후 다시 황희찬과 접선했다. 유튜브에 올릴 재밌는 영상 하나를 찍기로 했다. UCL에서 대표팀 동료 손흥민이 유벤투스전을 앞두고 있었다. 그런 손흥민을 위한 영상 편지를 찍었다. 조회수 보장 콘텐츠다. 영상은 생각보다 더 성공적이었다. "흥먀, 안냐세여(흥민이 형, 안녕하세요)"라고 어눌하게 인사하는 황희찬의 매력이 제대로 담겼다. 보너스로 기성용을 놀리는 영상까지 따냈다. 기성용이 훈련 중 헤딩 연습을 하다 찍힌 '지켜주지 못해 미안해' 짤을 흉내 내는 영상이었다. 해당 영상이 〈포포투〉의 SNS에 올라간 후 반응은 폭발적이었다. 기성용까지 직접 댓글을 남겼다. "희찬아, 훈련 끝나고 형 방으로 올라와라."

황희찬 덕분에 처음부터 끝까지 꽉 찬 잘츠부르크 취재였다. 그가 보여준 놀라운 매너와 센스, 그리고 웃음까지. 작은 잘츠부르크를 떠나 울버햄튼에서 펄펄 날아다니는 모습을 보면 내심 자랑스럽다. 좋은 추억을 남겨줘서 고마워.

▶

▶

디종에서
벌떡 일어서다

　　　　　　　유럽에서 우리나라 선수들을 취재
하다 보면 어쩔 수 없이 차오르는 것이 있다. 바로 '국뽕'이다. 체
격이 건장하고 무섭게 생긴 유럽 선수들 사이에서 빠르게 달리는
우리 선수들을 보면 그렇게 멋질 수가 없다. 중립을 지켜야 하는
기자도 사람이기에 그 묘하게 짜릿한 감정을 숨기기가 참 힘들다.
그래도 나름의 선은 지키려고 노력하고 있다. 우리나라 선수가 골
을 넣어도 절대 기쁜 티를 내지 않고, 입을 틀어막는 정도로 끝냈
다. 그랬는데, 분명히 그 선을 잘 지켜왔었는데, 디종에서 뛰는 권
창훈을 보고 그 선을 넘어버렸다.

　　디종까지 가는 길은 참 험난했다. 먼저 뮌헨에서 비행기를

작고 고즈넉한 도시, 디종

타고 파리로 갔다. 파리 공항에서 디종으로 가는 기차 티켓도 미리 끊었다. 파리의 샤를 드골 공항에 도착해 파리의 정취를 느낄 여유는 없었다. 디종으로 가는 기차 시간을 확인하기 위해 커다란 인포메이션 스크린 앞으로 갔다. 그런데 내가 예약한 기차 번호가 보이지 않았다. 몇 번을 확인해도 없었다. 갑자기 눈앞이 깜깜했다. 리셉션으로 갔더니 줄이 엄청 길었다. 마냥 기다릴 수는 없었다. 20분 후면 기차가 떠난다는 알림 메일이 왔다. 다급하게 지나가는 사람을 아무나 붙잡고 물었다. 그는 내가 예약한 내역을 보더니 말했다. "이거, 샤를 드골 공항이 아니라 오를리 공항에서 가는 티켓인데?"

　오. 마이. 갓. 파리에 공항이 두 개나 있을 줄은 꿈에도 몰랐다. 얼른 택시를 타야 하나? 하고 다시 검색해 보니, 기차가 출발하기까지 15분밖에 안 남았다. 불가능이다. 결국 매표소에서 디종으로 가는 티켓을 구매했다. 다행히 40분 후에 오는 기차가 한 대 있었다. 티켓을 구입하고 나서야 긴장이 풀려서 그냥 털썩 주저앉았다. 사람은 너무 많고, 질서는 없고, 쓰레기는 여기저기 굴러다니고, 식은땀이 흐르고… 그게 나의 첫 파리에서의 기억이다.

　어쨌든 무사히 디종에 도착했다. 예약해둔 호텔에 가서 짐을 놓고 침대에 널브러졌다. 경기는 늦은 저녁에 열려서 시간적인 여유는 많았다. 1시간 정도 눈을 붙이고 일어나 시내로 나갔다. 그래도 프랑스에 왔는데 뭐라도 구경해야지. 디종은 머스타드로 유명한 도시다. 작은 상점을 여기저기 들르며 머스타드를 잔뜩 샀다. 면적이 40km² 정도로 워낙 작은 도시라 교통 티켓을 구입하지 않고도 시내 구석구석을 잘 다닐 수 있었다. 입맛이 없어서 그냥 작은 디저트로 끼니를 해결했다. 달콤한 초콜릿케이크를 먹고 나서야 느꼈다. 아, 진짜 내가 프랑스에 있구나. 케이크의 맛은 놀랄 만큼 달콤했다.

　경기 시간이 다가와 택시를 타고 홈구장, 스타드 가스통 제라르로 향했다. 시내에서 친구들과 저녁을 먹을 시간에 혼자 축구장에 간다고 하니 택시기사 아저씨가 보기에 흥미로웠던 모양

택시 아저씨의 휴대폰 배경 화면

이다. 어디서 왔느냐, 왜 축구장에 가느냐 등을 물으셨다. 한국에서 왔고, 축구 보러 가는 거 맞다고 했더니 아저씨는 "권Kwon 보러 가는구나? 최고의 선수지. 정말 뛰어난 선수야! 내가 제일 좋아하는 선수지!"라며 흥분하셨다. 와, 권창훈의 인지도가 이 정도란 말이야? 아저씨는 곧 핸드폰을 켜서 배경 화면을 보여주셨다. 빈 말이 아니었다. 배경 화면이 무려 권창훈이었다. '이 아저씨 진심이구나.' 아들이 디종 유소년팀에서 뛴다고 하셨다. 그렇게 소소한 축구 토크를 이어 가다가 어느새 경기장에 도착했다. 팁을 두둑이 드린 후 서로에게 건승을 빌어줬다.

디종의 선발 명단

경기장 앞은 한산했다. 또 낯선 환경에 우왕좌왕 헤맸다. 다행히 근처에 현지 기자로 추정되는 사람이 보였다. 그는 내게 먼저 "취재하러 왔어?"라고 물었다. 와, 독일 기자들에게서는 느껴보지 못한 친절함이었다. 그는 어눌한 영어로 내게 따라오라며 길을 안내했다. 곧 미디어 관계자가 나와서 우리를 맞이했다. 미디어 관계자가 입구까지 나오는 건 처음 봤다. 스타드 가스통 제라르의 첫인상은 내게 '정'으로 남았다.

기자실에 들어가자 취재진으로 바글바글했다. 이날 상대가 마리오 발로텔리의 니스라서 취재 열기가 더 뜨거웠다. 미디어 관

경기장 한쪽 벽을 장식한 권창훈의 사진(왼쪽) / 아아, 그는 '셀고'였습니다…
(오른쪽)

계자는 혹여나 내가 굶을까 먹을 것도 챙겨주고, 기자석으로 올라
가는 방향도 상세하게 알려줬다. 정말 감동이었다. 해외에서 지내
다 보면 현지인의 이런 사소한 행동 하나하나가 모두 감동이다.
디종이 조금만 더 가까웠으면 자주 왔을 거라고 생각했다.

　　기자석에 올라갔다. 의자가 너무 차가워서 구단 매거진을 깔
고 앉았다. 곧 권창훈이 나와 몸을 풀기 시작했다. 기분이 남달랐
다. 내가 한국에서 수원삼성을 취재하던 시절에 권창훈을 처음 봤
다. 수원의 미래라고 불리던 어린 선수. 권창훈, 염기훈, 홍철의 좌
측 삼각편대는 그 시절 최강이었다. 그의 기가 막힌 왼발을 보면

서 저 선수는 언젠가 유럽에 가겠다고 생각했는데 이렇게 프랑스에서 만나다니. 푸른색이 잘 어울리던 선수가 검은색과 붉은색이 섞인 유니폼을 입고 있어서 어딘가 어색하기도 했다. 아무렇게나 기른 머리를 보니 유럽 적응은 잘한 모양이다.

경기가 시작됐다. 권창훈은 교체 명단에 이름을 올렸다. 시즌 초반에는 곧잘 선발로 나서더니 요즘은 주전 경쟁에 한창이다. 그래도 계속 몸을 푸는 걸 봐선 후반전에 출격할 가능성이 높아 보였다. 아니나 다를까, 등번호 22번을 단 권창훈은 후반 막판에 투입됐다. 혹시 내가 헛걸음 했을까 싶었지만, 몇 분이라도 뛰는 모습을 봐서 다행이라 생각했다. 그랬는데, 권창훈이 골을 넣었다! 무려 결승골이다. 2-2 동점인 후반 39분에 권창훈이 장기인 왼발 슛으로 시원한 득점을 터뜨렸다. 나도 모르게 벌떡 일어나서 환호했다. 심지어 한 손을 불끈 쥐면서 말이다. 권창훈은 두 팔을 날개처럼 활짝 펴고 달리며 특유의 셀레브레이션을 뽐냈다. 수원에서 골을 넣던 권창훈의 모습과 오버랩이 되며 뭉클했다. 마냥 수원의 막내일 것만 같던 권창훈이 유럽에서 저렇게 결승골도 넣다니. 잠시 그의 골에 젖어 있던 나는 곧 정신을 차리고 착석했다. 노트북 화면을 보니 오타를 사정없이 쳤다. '구너차 ㅇ훈이 골ㄹ을' 이라고 적혀 있었다. 득점하는 순간 내가 얼마나 흥분했는지 그대로 보였다. 그 고생을 하며 디종까지 온 보람이 있는 날이었다.

경기가 끝나고 믹스트 존에서 권창훈을 만났다. "운이 좋으시네요!"라며 웃는다. 제멋대로 자란 구레나룻과 눈썹을 다 덮는 긴 앞머리. 축구 좀 하는 선수들은 머리에 신경 쓸 겨를이 없다더니, 권창훈이 딱 그런 모습이었다. 지난해 11월 이후 첫 골이라 기분이 많이 좋아 보였다. 그래도 골보다는 선발로 뛰는 게 더 좋다며 아쉬움은 감추지 못했다. 나는 권창훈이 자신감을 끌어올릴 수 있는 경기를 눈앞에서 지켜봐서 그저 뿌듯했다. 인터뷰가 끝나고 경기장 밖으로 나가자 프랑스 팬들이 그를 보며 환호했다. 사인을 요청하고, 사진도 함께 찍었다. 팬들과 어우러지는 자유로운 퇴근길이 정겨워 보였다. 오전에 파리 공항에서 했던 고생이 사르르 녹는 순간이었다.

▶

▶

권창훈과 디종에서
오렌지 티를

　　　　　　　숙소로 돌아가는 발걸음이 가벼웠
다. 다음 날 인터뷰를 하기로 했는데, 골 덕분에 할 얘기가 많아졌
다. '인터뷰가 길어지겠군.' 다르게 표현하면 일거리가 많아졌다
는 뜻이다. 그래도 마냥 좋았다. 어떤 이야기를 쏟아낼까? 지금 저
선수가 머릿속에 꽁꽁 감춰둔 생각은 무엇일까? 그 생각을 듣고,
글로 옮겨 세상에 공개하는 일은 정말 매력적이다. 설렘을 가득
안고 디종에서의 밤을 보냈다.

　　아침이 됐다. 짐을 챙겨 권창훈과 약속한 장소로 향했다. 자
기가 자주 가는 카페에서 만나자고 했다. 주소를 찾아 도착하니 초
록색으로 뒤덮인 넓은 공원이 등장했다. 머리를 위로 질끈 묶고 조

'누구게?' 퀴즈용 사진(왼쪽) / 디종 청년 (오른쪽)

깅하는 여자, 커다란 유모차를 끌고 강아지를 산책시키는 가족 등 평화로운 유럽의 아침 풍경이 보인다. 이곳은 꼴롱비에르 공원이다. 이른 오전이라 아직 안개가 자욱하게 껴 있다. 불과 몇 시간 전 권창훈의 골로 뜨거웠던 디종은 아무 일도 없었다는 듯 고요했다. 곧 권창훈이 도착했다. 그는 공원이 잘 보이는 카페로 안내했다.

　카페에 들어서자 직원이 권창훈에게 먼저 인사를 건넸다. 권창훈도 짧게 "봉쥬흐!"라고 하며 웃었다. 단골손님과 직원 사이에 흐르는 편안한 분위기가 느껴졌다. 창가에 자리를 잡았다. 평소 차를 즐겨 마시기로 유명한 권창훈은 여기서도 역시 차를 주문했다. 달콤한 오렌지 향이 났다. 밤새 기사를 써서 피곤한 나는 당연히 커피를 시켰다. 권창훈에게 커피나 핫초코는 잘 안 마시냐고 물었더니, 몸 관리하느라 주로 차를 마신다고 했다. 속으로 감탄

권창훈과 만나기로 한 꼴롱비에르 공원

했다. 이렇게 자기관리가 철저해야 유럽에도 진출하고, 국가대표
도 하는 거구나 싶었다.

인터뷰는 장장 1시간에 걸쳐 이뤄졌다. 구단과 권창훈의 에
이전트가 배려를 많이 해준 덕분에 이렇게 편안한 자리에서 하고
싶은 질문을 마음껏 던질 수 있었다. 권창훈은 대답하는 속도가
느려서 다른 선수들보다 인터뷰 시간이 더 필요했다. 대답이 끝난
듯해도 한 1, 2초 후 다음 말을 이어 나갔다. 그만큼 생각을 많이

한다는 뜻이다. 권창훈과 수원에서 처음 인터뷰할 때는 이걸 몰랐다. 대답이 끝난 줄 알고 질문을 계속 던졌다. 그러다 그의 대답과 내 질문이 나오는 타이밍이 두어 차례 겹쳤다. 내가 계속 그의 대답을 막은 듯해서 미안했다. 그때부터는 권창훈이 대답을 끝내도 최소 3초 정도는 더 기다린다. 그는 마치 엔터를 치고 다음 문단으로 넘어가듯 대답했다. 그래서 디종에서의 1시간은 그런 권창훈의 모든 말을 담기에 너무 적절했다.

이제 사진을 찍으러 나갈 차례. 권창훈은 웃는 모습이 예쁘다. 물방울 모양의 눈이 살짝 찌그러지면서 세상에서 가장 순수한 청년의 표정이 된다. 사진에는 영 소질이 없지만, 공원의 풍경이 예쁜 덕에 어떻게 찍어도 다 마음에 들었다. 디자이너의 후보정 작업이 매우 길어졌다는 후문이 있지만.

이제는 털어놓을 수 있을 것 같다. 권창훈의 인터뷰를 기획한 이유는 월드컵 때문이었다. 2018 러시아 월드컵을 앞둔 권창훈은 당시 대표팀의 에이스였다. 〈포포투〉 영국판에서도 한국에서 가장 주목할 스타로 권창훈을 뽑았다. 영국 에디터팀에서는 한국 에디터팀에 권창훈의 멘트를 받아달라고 요청했다. 그래서 디종까지 간 거였다. 멘트도 받아주고, 한국판 매거진에 들어갈 인터뷰도 싣기 위해. 권창훈은 월드컵에서 단단한 한국, 골을 쉽게 먹지 않는 한국, 어떻게든 버티는 한국 대표팀의 모습을 보여주고 싶다고 했다. 1년 후 다시 인터뷰를 할 때는 월드컵 후기를 들려주고 싶다고 했다. 여러모로 기분 좋은 인터뷰였다. 그런데 이 인터뷰가 매거진에 실린 지 얼마 지나지 않아 청천벽력 같은 소식이 들려왔다. 권창훈이 아킬레스건 파열로 월드컵에 나가지 못한다는 디종의 공식 발표가 나온 것이다. 마음이 너무 아팠다. 월드컵을 얼마나 고대했는지 잘 알기에 그의 상황은 어느 때보다 안타까웠다. 권창훈의 가까운 지인이 전해준 말을 듣고는 마음이 더 쓰라렸다. "나는 성실하게 축구만 했는데 왜 나에게 이런 일이 생기는 건지 모르겠다"라고 원통해했단다. 이 글을 쓰는 지금도 그때를 생각하면 먹먹해진다.

부디 2022 카타르 월드컵은 갈 수 있기를. 언젠가 그가 들려주는 월드컵 후기를 꼭 듣고 싶다. 아픔을 딛고 일어난 수원의 아들이라는 타이틀이 달리기를 고대한다. 응원해, 빵훈!

▶

▶

이재성의
독일 1호 팬이
되다

　이재성이 드디어 유럽에 진출했다. K리그 최고의 미드필더가 독일로 온다. 행선지는 2부 리그의 홀슈타인 킬. 당연히 1부로 갈만한 선수였지만, 킬에서 유럽 경험을 쌓은 후 올라가도 괜찮겠다 싶었다. 당시 킬의 수장이었던 팀 발터 감독이 이재성에게 직접 영상 통화를 걸 정도로 영입 의지가 강했다. 이게 이재성의 마음을 움직였다.

　이재성의 독일 진출은 여러모로 큰 주목을 받았다. 유럽은 젊고 실력이 출중한 선수가 끊임없이 탄생하는 곳이다. 20대 후반의 한국 선수가 그런 유럽에 뛰어드는 건 정말 큰 도전이다. 한창 최고의 모습을 보여야 할 시기에 자칫 자리를 잃을 위험도 감수해야 한다. 무엇보다 이재성은 전북현대에서 한창 잘나가고 있던 터라 우려 섞인 시선이 많았다. 시기는 2018 러시아 월드컵 직후였다. 한국이 독일에 2-0 완승을 거둔 후여서 이재성의 독일 이적은 더욱 이목을 끌었다.

전북 시절 이재성을 딱 한 번 인터뷰한 적이 있다. 당시 나는 1년 차 기자였다. 이재성 같은 유명한 선수를 만난다는 사실에 굉장히 떨렸다. K리그 최고의 선수이자 국가대표인 그와 첫 인터뷰를 앞두고 떨지 않을 사람은 없을 것이다. 그 떨림은 인터뷰 시작 5분 만에 눈 녹듯 사라졌다. 국가대표가 아닌 생각이 깊고, 소탈한 청년이 내 앞에 앉아 있었다. 내가 긴장한 걸 눈치챈 듯 편안하게 대해주며 웃음을 잃지 않는 이재성의 모습에 크게 감동받았다. 조심스러운 질문에도 솔직하고 허심탄회하게 답해주었다. 겸손하고 소박한 사람. 나에게는 그게 이재성의 첫인상이었다.

이후에는 좀처럼 이재성과 인터뷰할 기회가 없었는데, 코앞에 찾아왔다. 이재성이 킬로 이적하자마자 이즈마닝으로 연습경기를 하러 왔다. 이즈마닝은 내가 사는 뮌헨의 위성도시다. 발터 감독이 과거 바이에른 2군 감독을 했던 적이 있고, 가족도 뮌헨에 살아서 인연이 깊다. 이곳에서 스페인팀 에이바르와 시즌 전 연습경기가 계획됐다. 나는 미리 이재성의 에이전트를 통해 인터뷰를 약속했다. 그의 독일 진출 이후 첫 경기 취재에 인터뷰라니. 또 설레기 시작했다. 독일에 오고 나니 한국에 있었다면 불가능했을 일들이 마법처럼 펼쳐지고 있었다.

7월 28일, S Bahn(에스반, 독일의 전철)을 타고 이즈마닝으로

고대하던 유럽에 도착한 이재성

향했다. 버스를 타고 엘리히 그라이플 경기장에 도착했다. 아마추어팀이 사용하는 경기장이다. 취재진은 다섯 명 남짓. 네 명은 킬에서 왔고, 나머지 한 명이 나였다. 독일 취재진은 나에게 이재성에 대한 정보를 묻기 시작했다. 최근 독일을 2-0으로 꺾은 한국대표팀 선수이니 궁금증이 더 컸을 테다. 경기장 위에는 에이바르 선수들이 먼저 도착해 몸을 풀고 있었다. 곧 킬 선수단을 태운 버스가 도착했다. 그곳에서 붉은 연습복을 입은 반가운 얼굴이 내린다. "안녕하세요!" 첫인상의 모습 그대로였다. 표정은 환했지만 눈에는 피로가 가득했다. 불과 48시간 전에 이재성은 인천공항에서 독일 북부로 가는 비행기를 기다리고 있었다. 함부르크 공항에서 내려, 킬로 갔다가, 메디컬 테스트와 입단식을 치른 후 곧바로 다시 비행기를 타고 독일 남부 도시로 왔다. 살인 일정 속에서도 그 새 동료들과 친해졌는지 벌써 웃고 장난치는 모습이 보였다. 나는 이재성이 몸을 풀고, 동료들과 대화를 나누는 모습을 연신 사진으로 담았다. 그랬더니 한 선수가 이재성을 툭 치며 외친다. "와, 리 Lee! 벌써 팬이 있네? 나도 아직 팬이 없는데!"

팬이 아니라 기자라고 말할까 하다 말았다. 이제 막 독일에 온 이재성의 기를 살릴 수 있다면 팬으로 오해받아도 괜찮겠다 싶었다. 그렇게 나는 얼떨결에 그의 독일 1호 팬이 됐다. 곧 발터 감독이 등장했다. 그와 짧게 대화를 나눴는데, 이재성에 대한 기대가 굉장했다. "오늘 몇 분이 되든 꼭 뛰게 할 거다"라고 말했다. 아직 시차 적응도, 컨디션도 온전하지 않은 이재성인데. 살짝 걱정이 됐지만 어쨌든 긍정적인 신호였다. 그만큼 신뢰가 크다는 뜻이다. 전북에서처럼만 하면 주전 자리는 쉽게 꿰찰 수 있겠다는 확신이 들었다.

경기가 시작됐다. 나는 벤치에 앉아 있는 이재성의 제스처와 표정을 관찰했다. 걱정이 되는 듯한 표정이었다. 후반 33분, 드디어 그가 나설 차례가 됐다. 발터 감독이 이재성을 불렀다. 그는 새 제자의 머리를 연신 쓰다듬고, 어깨를 감싸며 무어라 설명을 하더니 엉덩이도 톡톡 쳤다. 응원과 애정을 아낌없이 퍼붓는 모습이었다. 이재성의 '비공식' 데뷔전이 시작되는 순간이다. 그는 추가 시

이재성의 첫 번째 팬이 된 순간 (위 왼쪽) / 독일에서의 첫 번째 경기를 앞두고 (위 오른쪽) / 이재성의 꼬마 팬 (아래 왼쪽) / 현지 취재진과 인터뷰 중 (아래 오른쪽)

간 포함 13분 동안 그라운드를 누볐다. 당연히 몸이 많이 무거운 모습이었다. 지난 48시간 동안 비행기를 3번이나 탔으니 컨디션이 정상일 리 없다. 발터 감독은 그래도 만족했다. "우리는 그에게 어떤 잠재력이 있는지 발견했다. 킬의 관중에게 즐거움을 선사할 수 있을 거로 확신한다"라며 기뻐했다.

이재성은 이미 첫날부터 그 즐거움을 주고 있었다. 이즈마닝으로 이재성을 보러 온 독일 팬들이 줄을 지었다. 유니폼을 달라는 문구를 적어온 꼬마 팬은 "월드컵에서 보고 사랑에 빠졌다"라며 환히 웃었다. 새삼 월드컵은 세계인의 축제라는 걸 느꼈다. 이 꼬마에게 이재성은 평생 보지도, 듣지도 못했을 선수였을 테다. 월드컵 독일전은 그런 이재성을 독일 팬들에게 제대로 각인시켰다. 이재성을 만난 꼬마 팬은 어쩔 줄 몰라 하며 아직 독일어가 서툰 자신의 스타에게 응원한다는 말을 연신 쏟아냈다. 소녀 팬부터 나이가 지긋한 팬까지 이재성의 주변으로 모여들었다. 이재성은 얼떨떨한 모습으로 고맙다는 말을 반복하며 사인을 해주었고, 사진도 함께 찍었다. 이런 환대는 전혀 상상하지 못했을 거다. 나도 놀랐다.

이날을 상상하면 미소가 절로 지어진다. 날씨는 싱그러웠고, 꼬마 팬의 웃는 모습도 예뻤고, 발터 감독의 믿음도 굳건했고, 이재성도 행복해 보였다.

그의 '독일 1호 팬'이 되길 잘했다는 생각이 든다.

▶

▶

이즈마닝에서
부상 투혼

경기가 끝나고 킬 선수단은 바로 호텔로 이동했다. 이재성과 저녁 8시경에 호텔 로비에서 만나 인터뷰를 하기로 했다. 경기 현장 기사를 얼른 송고한 후, 나도 짐을 챙겨 버스 정류장으로 갔다. 날이 어둑어둑해졌다. 버스 시간표를 보니 한 시간에 한 대가 온다. 다행히 5분 후 도착이다. 얼른 버스에 타서 좀 쉬고 싶다는 생각이 들었다. 현장이 즐거운 만큼 일이 많아져서 일이 끝나면 몸이 극도로 피곤해진다. 나도 모르게 정류장 의자에 늘어져 앉아 있었다. 저 멀리서 버스가 오는 모습이 보였다. 슬슬 일어나 탈 준비를 하는데, 이럴 수가! 버스 기사가 나를 보지 못하고 그냥 지나쳤다. 아무래도 주변에 가로등도 없고, 워낙 어두워서 내가 안 보였나 보다. 저거 놓치면 끝이란 생각이 들어

필사적으로 달렸다. 버스 안에 있던 젊은 승객이 창문을 통해 나를 발견했다. 그 덕분에 버스가 멈췄고, 나는 무사히 탑승할 수 있었다. 기사 아저씨는 미안하다며 버스 티켓 값은 받지 않겠다고 하셨다. 숨이 턱끝까지 차올라서 대답을 제대로 했는지 기억도 잘 나지 않는다. 버스를 대신 세워준 승객에게는 고맙다고 했다.

자리에 앉아서 다시 노트북을 꺼내 열었다. 인터뷰 질문을 다시 한번 다듬었다. 독일 진출 후 첫 단독 인터뷰라 부담감이 컸다. 지웠다, 썼다를 반복하는데 갑자기 오른쪽 발목에서 통증이 느껴졌다. 아무래도 아까 순간적으로 빨리 달리다가 접질린 것 같았다. 평소에도 자주 그런 편이라서, 대수롭지 않게 여겼다.

약 40분을 달려 드디어 도착했다. 버스에서 내리는데 갑자기 몸이 휙 꺾였다. 접질린 발목에 힘이 들어가지 않아서 내딛을 때 중심을 잃었다. 손으로 발목을 문지르는데 너무 따끔거렸다. 그런데 지금 여기 신경 쓸 겨를이 없다. 인터뷰 약속 시간에 늦을지도 모른다. 다리를 절뚝이며 얼른 호텔을 찾아갔다. 내가 2014년에 처음 뮌헨에 왔을 때 묵었던 호텔과 멀지 않은 곳에 있었다. 그때 생각이 나서 잠깐 아련해졌다.

로비에 도착해 구단 관계자에게 연락했다. 곧 이재성이 내려왔다. 방금 막 식사를 마쳤다고 한다. 인터뷰는 30분가량 진행됐다. 이재성은 인터뷰 내내 싱글벙글이었다. 훈련장 시설 등 축구 환경은 전북이 훨씬 좋지만 유럽에서 새 출발하는 게 설레어 보였다. 동료들에게 먼저 독일을 이기고 왔다고, 다들 보지 않았느냐며 장난도 쳤단다. 그 짧은 시간에 부쩍 친해진 느낌이었다. 동시에 각오도 남달랐다. 월드컵에서 구자철이 "독일은 매주 월드컵이다"라고 말해줬단다. 관중이 꽉 찬 경기장, 경쟁이 치열한 리그. 이재성이 도전하기에 딱 좋은 환경이었다. 다양한 이야기가 오갔다. 슬슬 인터뷰를 마치려는데 이재성이 갑자기 붙잡았다. "저, 마지막으로 하고 싶은 말이 있는데 해도 될까요?" 선수가 먼저 나서서 요청한 경우는 처음이었다. "당연하죠. 마음껏 하세요."

그는 유럽 진출을 위해 전북에서 얼마나 신경을 많이 썼는지 설명했다. 그 감사함이 너무 크다고. 아시아의 다른 팀에서 훨씬 좋은 조건으로 이재성을 원했지만, 전북은 이재성의 유럽행 의지를 존중했다. 이적 시장은 선수가 원하는 대로 돌아가지 않는 게 입판이다. 구단이 선수의 의견을 적극적으로 수용해주는 경우도 드문 편이다. 이재성도 그런 사정을 잘 알기에 이 자리를 빌려 감사하다는 말을 전하고 싶다고 했다. 그리고 덧붙였다. 은퇴는 꼭 전북에서 하겠다고. 가서 고별전을 치르고, 팬들에게 인사하고 싶다고.

집으로 돌아가는 길, 이재성 선수가 아닌 인간 이재성을 만난 기분이 들었다. 왜 기자 선배들이나 업계 관계자들이 입을 모아 칭찬하는지 100%, 아니, 120% 이해하게 됐다. 저런 선수를 배출한 전북은 참 운이 좋은 구단이라고 생각했다. 팬들이 이 인터뷰를 보고 기뻐할 생각을 하니 짜릿하기까지 했다.

욱신거리는 발목을 끌고 겨우 집에 도착했다. 어깨에 든 무거운 가방을 내던지듯이 내렸다. 바지를 갈아입는데 오른쪽이 쉽게 벗겨지지 않았다. 확인해보니 발목에 멍이 시퍼렇게 들고, 퉁퉁 부어 있었다. 가볍게 접질린 수준이 아니었다. 쉽게 걸을 수가 없어 결국 어학원을 3일간 쉬었고, 호수로 놀러가기로 한 약속도 취소했다. 그래도 좋았다. 덕분에 만족스러운 인터뷰에 성공했으니까. 이재성의 독일 진출기를 누구보다 가장 빨리 담아냈다구.

그때 친구가 내게 한 말이 아직도 잊히지 않는다.

"축구 선수가 아니라 기자가 부상당한 경우는 또 처음 보네."

▶

▶

베로나와
부스스한 머리의
이승우

　　스포츠서울 통신원으로 활동하던
시절의 하이라이트는 이승우였다. 추석 특집으로 이승우의 인터
뷰를 지면 1면에 싣기로 기획했다. 마침 손흥민의 토트넘이 UCL
조별 리그 인테르나치오날레전을 치르러 밀라노로 향할 예정이
었다. 2박 3일 일정으로 UCL 경기 취재와 이승우 인터뷰 출장을
잡았다. 떠나기 전부터 고된 출장길이 예상됐다.

　　비행기를 타고 밀라노 말펜사 공항에 도착했다. 낯선 이탈리
아어가 사방에서 들려와 정신이 없었다. 공항에서 나오니 한밤중
이다. 겨우겨우 중앙역까지 가는 버스에 몸을 실었다. 버스의 통
로가 비좁은 데다 사람도 꽉 차 있어 공기가 탁했고, 숨을 잘 쉬기

이른 아침의 베로나 아레나

도 힘들었다. 하차한 후 숨을 크게 들이쉬었다. 퀴퀴한 담배 냄새가 목구멍 안까지 들어왔다. 그게 나의 밀라노 첫인상이었다. 중앙역에 소매치기가 많으니 조심하라는 주의를 받았다. 동공이 풀린 듯한 사람이 여기저기서 보였다. 나는 걸음을 재촉해 무사히 숙소에 도착했다. 배가 고팠지만 뭘 찾아서 먹을 힘은 나지 않았다. 이승우 인터뷰와 UCL 경기 취재가 같은 날에 예정되어 있었고, 베로나까지 다녀와야 하는 상황이라 체력을 아끼기 위해 그대로 쓰러졌다.

다음 날이 됐다. 나는 아침 일찍 베로나로 향했다. 밀라노에서 베로나까지는 약 2시간이 걸렸다. 인터뷰는 오후 1시에 하기로 했다. 기왕 이탈리아까지 왔으니 미리 도착해서 베로나를 구경하기로 했다. 베로나는 밀라노의 첫인상과 완전히 달랐다. 작고 예쁜 도시였다. 베로나의 중심 브라 광장으로 가자 독일인 관광객이 많이 보였다. 그 유명한 로마 시대 경기장인 아레나가 웅장하게 버티고 있었다. 세월의 흔적을 고스란히 담은 모습이 멋져서 한 바퀴를 빙글 돌며 구경했다. 여행으로 왔다면 이 아레나에서 하는 오페라 공연도 볼 수 있었을 텐데. 아쉽지만 나에게는 그럴 시간이 없었다. 발걸음을 옮겨 이번에는 줄리엣의 집으로 향했다. 주어진 시간이 2, 3시간밖에 없을 때는 관광객 코스를 도는 게 제일 마음 편하다. 단체 관광객 사이에 섞여 설명도 듣고, 기념품 숍도 구경했다. 슬슬 허기가 져서 근처 괜찮은 식당이나 카페를 찾아보기로 했다. 끼니를 해결하고 천천히 출발하면 되겠다 싶었다. 사람이 너무 많아서 길 한복판에서 핸드폰을 들고 서 있기보다는 돌아다니며 찾는 게 나았다. 덕분에 골목 구경도 했다. 그때 한국에 있는 같은 회사 선배에게서 급히 연락이 왔다. 베로나 훈련 시간이 오전에서 오후로 바뀌었으니 얼른 이승우의 집으로 가라는 거였다. 역시, 뭐든 일이 술술 풀리는 법은 없다.

택시가 단 한 대도 보이지 않았다. 여기저기 허둥지둥 돌아다니며 택시 정류장을 찾았다. 길거리에 지나가는 사람에게 물어

사진을 찍기 위해 머리를 정돈한 이승우

보니 우버를 잡는 게 빠를 거라고 했다. 급히 우버 어플을 다운받았다. 난생 처음 이용하는 앱이다. 휴, 평화롭던 나의 오전은 어느새 스트레스로 뒤덮였다. 우버를 겨우 잡아서 바로 이승우의 집으로 출발했다. 약 30분이 걸리는 곳에 있었다. 우버 요금이 어마어마하게 많이 나왔던 걸로 기억한다. 이승우의 집 앞에 도착하고 보니 한적한 동네였다. 차에서 내리자마자 이승우의 어머니가 반겨주셨다. 아직 승우가 준비 중이니 식사를 못 했으면 점심부터 하자고 하셨다. 널찍한 테이블을 가득 채운 한식을 보니 아까 베로나 시내에서 받은 스트레스가 금세 사라졌다. 정겨운 주택 느낌이 나는 집은 묘한 안정감을 가져다주기도 했다. 식사를 시작하려는데 이승우가 윗층에서 내려왔다. 한국에서 U-20 월드컵을 취재하며 안면을 충분히 튼 상태라 어색하지는 않았다. 방금 막 침대에서 나온 듯 머리가 부스스했다. 살짝 구겨진 트레이닝 바지는 잠옷으로 추정됐다. "승우야, 밥 먹어"라는 어머니의 말에서 한 가족의 고요한 주말 오전이 느껴졌다. 그렇게 얼떨결에 함께 아점을 먹었다.

이승우는 인터뷰에 도가 튼 선수다. 무슨 질문이 나와도 답을 이미 알고 있다는 표정을 지으며 막힘없이 술술 이어 나간다. 그런 이승우에 대해 잘 알고 있기에 어떻게 해야 더 새로운 답변이 나오게 할 수 있을지 질문에 공을 많이 들였다.

집에서 인터뷰를 진행해서일까? 이승우는 이전보다 더 편하게 대답했다. 다른 인터뷰에서 안 나왔던 얘기가 몇 가지 나와서 혼자 속으로 '아싸!' 하며 신나게 인터뷰를 이어 나갔다. 베로나에서 무엇을 하면서 시간을 보내는지 물었더니 기타도 치고, 게임도 하면서 다양한 취미를 즐긴단다. 그러더니 자신은 축구도 취미처럼 한다고 말을 이어 나갔다. 처음에는 '프로선수가 저게 무슨 소리지?'라고 흠칫했다. 뒤에 따라오는 말을 들으니 곧 수긍이 갔다.

"축구는 나의 직업이지만, 일이라고 느끼는 순간 재미가 없어진다고 생각한다. 축구는 재밌어야 한다. 재밌어서 축구를 시작했고, 지금도 계속 재밌게 하고 싶다. 그래서 나는 축구도 나의 취미처럼 여긴다."

이승우가 어쩜 그렇게 발랄한 축구를 할 수 있었던 건지 이 제야 이해가 갔다. 그라운드 위에서 통통 튀는 재간 넘치는 모습을 보인 이유는 여기에 있었다. 이승우는 축구를 취미처럼, 재밌게 하고 있었다. 축구의 본질을 잊지 않은, 참 인상 깊은 답변이었다. 개인적으로 이 답변을 메인으로 내세우고 싶었지만, 대중의 구미를 확 당기는 또 다른 답변이 나왔다. "일본은 당연히 이겨야하는 존재니까 한일전에서 이겨도 별로 기쁘지 않다." 이 말은 신문 헤드라인으로 올라갔다. 아, 정말 셌다.

인터뷰를 끝낸 후 이제 사진을 찍을 차례. 이승우는 후다닥 방으로 올라가면서 "저 머리 좀 만지고 올게요!"란다. 곧 왁스를 듬뿍 칠한 샤프한 청년이 나타났다. 눈이 아직 조금 부어 있지만 그런대로 분위기 있어 보였다. 흰색 후드티를 입고 야외에서 10분 정도 사진을 찍었다. 사진에 익숙한 이승우는 자연스러운 웃음을 잘 지었다. 덕분에 금방 끝났다.

곧 팀 훈련이라 이제 출발할 시간이다. 어머니께서 나를 중앙역에 데려다주신다며 차키를 꺼내 오셨다. 중앙역으로 가는 길에 훈련장이 있단다. 올 때는 어렵게 우버를 잡아서 왔는데, 어머니 덕분에 편히 돌아갈 수 있었다. 훈련장에 도착해 이승우와 인사를 나누고 헤어졌다. 중간에 베로나의 자랑인 가르다 호수에 잠깐 차를 세우고 예쁜 풍경도 구경했다. 어머니께 다시 한번 감사의 말씀을 드린다. 하마터면 못 보고 갈 뻔했던 가르다 호수. 언젠가 꼭 휴가로 다녀와야지.

▶

▶

손흥민을 보며
눈물 흘린 사연

　　　　　　　　　　다시 밀라노로 돌아왔다. 경기 시작
까지는 2시간 정도 남았다. 정상적인 스케줄이라면 이 시간에 나
는 이미 경기장에 있어야 한다. 안타깝게도 이날 나의 스케줄은
너무 살인적이었다. 다행히 숙소가 중앙역 근처였다. 기차에서 내
리자마자 발걸음을 재촉했다. 내 몸은 숙소를 향해 가지만 머릿속
은 완전히 다른 곳에 있었다. 경기장 이동 경로를 다시 생각해보
고, 오늘 경기 흐름을 예측하면서, 손흥민에게 물을 질문을 고민
했다. 토트넘이 이길 가능성은 거의 없지만 비등비등한 경기라도
하면 좋겠다고 생각했다. 숙소가 있는 골목에 벌써 도착했다. 아
직 밝지만 골목은 으슥했다. 다른 곳에 정신이 팔린 사이 약에 취
한 듯한 남자가 내 쪽으로 걸어오고 있다는 사실을 너무 늦게 알

왔다. 키가 2미터에 가까워 보이는 남자는 정확히 나를 향해 걸어오고 있었다. 아니, 돌진하고 있다는 표현이 더 어울릴 정도였다. 풀린 눈으로 나를 노려보면서. 내게 무슨 짓을 할 것 같다는 기분 나쁜 느낌이 들었다. 남자와 거리가 가까워지자 본능적으로 몸을 오른쪽으로 틀었다.

펙.

남자는 내 왼쪽 어깨를 주먹으로 내리쳤다. 너무 놀라서 그 자리에서 얼어버렸다. 뒤를 돌았을 때 남자는 이미 사라지고 없었다. 알고 보니 아시아 여성의 가슴을 주먹으로 가격하는 인종차별이 공공연하게 있다고 한다. 내가 몸을 틀지 않았다면 그대로 당했을 것이다. 소름이 끼쳤다. 하지만 당시에는 '그런 것'에 신경 쓸 겨를이 없었다. 손흥민 경기를 놓치면 안 되니까. 마음을 가다듬을 틈도 나에게는 없었다. 머릿속이 하얘진 채로 숙소에 가서 옷을 갈아입고, 노트북을 챙겨 주세페 메아차 경기장으로 향했다. 엎친 데 덮친 격으로, 구단 미디어 담당팀이 실수로 내 이름을 취재 명단에서 누락시켰다. 정말 되는 일이 하나도 없었다. 한 담당자가 미안해하면서 자신의 자리를 내게 내줬다. 고맙다고는 했지만 아마 내 표정은 울상이었을 것이다.

경기가 시작됐다. 관중석은 꽉 찼다. 인테르가 오랜만에 UCL에 진출해 팬들은 잔뜩 흥분했다. 보통 이런 경기장에 오면 기분이 좋다. 축구의 진면목을 보는 기분이 든다. 하지만 오늘은

말로만 듣던 산 시로에 왔다! (위) / 산 시로 경기장 근처를 배회하는 팬들 (아래)

달랐다. 머리가 너무 아팠다. 어깨 통증이 밀려오기 시작했다. 함성 데시벨이 높아질수록 머리는 더 깨질듯이 아파왔다. 경기가 눈에 하나도 들어오지 않았다. 나는 기사를 적다가, 고개를 푹 숙이고 머리를 감싸 쥐다가, 다시 기사를 적기를 반복했다. 어서 빨리 경기가 끝났으면 했다. 토트넘은 1-0으로 이기다 결국 1-2로 역전당했다. 인테르의 역전골이 들어가는 순간 이탈리아 기자들까지 벌떡 일어나 환호했다. 경기장이 함성으로 가득 울리면서, 급기야 기자석까지 흔들렸다. 먼지가 날리자 눈까지 아팠다. 눈을 감았더니 갑자기 눈물이 고이기 시작했다. 눈이 따가워서 뜰 수가 없었다. 안 되겠다 싶었던 나는 한국에서 경기를 함께 챙기던 선배에게 기사를 보내고 대신 송고해달라고 부탁한 뒤 먼저 믹스트 존으로 내려갔다. 조금이라도 멀쩡한 정신으로 손흥민을 인터뷰하기 위해서는 그게 최선이었다.

믹스트 존에 자리를 잡고 손흥민을 기다렸다. 내 뒤, 양옆으로 기자들이 꽉꽉 들어섰다. 공간이 협소했다. 다시 사람이 많아지자 다시 머리가 지끈거리고 눈이 아팠다. 어깨도 시렸다. 펜스에 몸을 기대며 간신히 중심을 잡고 서 있었다. 손흥민이 제발 빨리 나오길 바라며. 저 멀리서 손흥민이 다리에 냉찜질을 하며 천천히 걸어오고 있었다. 얼굴엔 아쉬운 표정이 역력했다. 역전패를 당했으니 그럴 만도 했다. 눈을 거의 감고 있다가 손흥민의 얼굴을 또렷하게 쳐다보자, 갑자기 눈물이 나기 시작했다. 아, 젠장. 왜 하필 지금. 한 손으로는 핸드폰을 들어 영상을 찍고, 다른 한 손으로는 눈물을 빠르게 훔쳐냈다. 결국 계속 땅을 바라봤다. 조금이라도 눈에 힘이 들어가면 눈물이 자동으로 나올 것 같았다. 손흥민이 오해라도 할까 민망했다. 내가 열렬한 토트넘의 팬으로 보일까 봐.

나중에 내가 찍은 영상을 확인하니 처음엔 잘 찍히다가 나중에는 그의 가슴팍 밖에 안 보였다. 인터뷰가 꽤 길게 진행된 느낌이었는데 고작 3, 4분밖에 안 됐다. 사실 그날 손흥민 얼굴은 기억이 잘 나지 않는다. 그냥 많이 아쉬워했던 것밖에는.

숙소로 돌아와 쓰러지듯 침대에 누웠다. 그러다 다시 벌떡 일어났다. 잘 수도 없었다. 이승우의 인터뷰 기사를 바로 써야 했기 때문이다. 결국 새벽 4시가 다 되어서야 침대에 누웠다. 퇴실 시간이 가까워질 때까지 잔 것 같다. 내게는 여러모로 가장 힘든 출장길이었다. 베로나는 예뻤지만 갑자기 변경된 인터뷰에 나도 모르게 스트레스를 많이 받았고, 상상을 초월하는 인종차별을 겪고, 즐거워야 할 손흥민 취재 현장을 망쳤다.

이탈리아에서 뮌헨으로 돌아왔다. 거짓말처럼 나는 며칠 후 또다시 이탈리아 사람들에게 인종차별을 당했다. 이후 나는 일주일 가까이 집 밖을 쉽게 나서지 못할 정도로 트라우마가 생겼다. 어깨도 괜히 계속 아팠다. 남자들이 우리 집 문을 쾅쾅쾅 두드리다 부수고 들어오는 악몽까지 꿨다. 나는 늘 내가 강하다고 생각했는데, 이렇게 약할 때도 있었다.

　　지금 생각해보면 내가 손흥민을 보고 눈물을 흘린 데는 또 다른 이유가 있었을지도 모른다. 잔뜩 서러웠는데, 그런 와중에 낯이 익은 같은 나라 사람을 만나서, 나도 모르게 안도감을 느낀 걸지도. 어둠 속에서 길을 잃고 헤매다 친구를 발견한 느낌이었을까.

　　어쨌든 나를 토트넘 팬으로 기억하지 않았으면 좋겠다.

▶

▶

박규현의
입단식 현장을
직관하다

2019년 여름, 한국에 들어가 있을 때다. 내가 분데스리가를 전문적으로 다룬다는 이미지를 잘 다져 둔 덕에, 분데스리가에 새 소식이 생기면 종종 주변 축구 관계자들이 귀띔을 해준다. 잘 준비를 하고 있는데 독일에서 연락이 왔다. 울산현대 유소년인 박규현이 베르더 브레멘으로 이적한다는 따끈따끈한 정보를 전달받았다.

다시 책상으로 가 노트북을 열었다. 박규현은 내게 아주 낯선 선수는 아니었다. U-20 대표팀에 승선했던 적이 있다. FC서울과의 연습경기에 선발로 출전했었다. 다른 동료들에 비해 나이가 눈에 띄게 어려서 기억에 남았다. 그가 울산현대고를 졸업하고 분데스리가로 진출한다. 나는 일단 박규현의 SNS부터 팔로우

했다. 어린 선수들은 SNS에 어떤 식으로든 흔적을 남기곤 한다. 아직 어려서 그렇다. 아니나 다를까, 박규현의 SNS에서도 베르더 브레멘의 흔적이 보였다. 몰랐으면 안 보였을 흔적이, 알고 보니 보였다. 내일부터 당장 취재에 돌입할 생각에 심장이 두근거렸다.

다음 날이 됐다. 박규현의 에이전트와 연락이 닿았다. 그는 박규현이 베르더 브레멘의 테스트에 통과한 게 맞고, 우선 임대 조건으로 계약을 할 거라고 말했다. 계약서에 서명할 때까지 비밀을 지켜달라는 부탁도 받았다. 박규현의 SNS에서도 곧 그 흔적이 사라졌다. 비밀은 지킬 테니, 대신 인터뷰를 한번 하자고 제안했다. 에이전트는 흔쾌히 승낙했다. 유럽 진출 전 한국에서의 마지막 인터뷰가 될 테니 나름 의미 있다고 판단했다. 그의 인터뷰는 〈포포투〉 2019년 7월호에 실렸다.

박규현은 그 인터뷰를 끝으로 독일로 떠났다. 나도 7월 초 출국 예정이었다. 뮌헨으로 돌아가자마자 브레멘에 가서 박규현을 만나기로 했다. 베르더 브레멘 구단 미디어팀과 연락을 주고받았다. 에이전트도 박규현과 동행해 인터뷰가 여러모로 수월할 거로 예상됐다.

7월 11일, 시차 적응이 되지도 않은 채 브레멘으로 가는 비행기를 탔다. 피로를 느낄 틈도 없었다. 방금 막 유럽에 진출한 어린 선수를 취재하는 일은 늘 설렌다. 그가 잔뜩 상기되어 있는 모

사무실에 도착해 대기하는 박규현

습, 향후 어떤 어려움이 닥칠지도 모른 채 해맑게 자기 포부를 늘어놓는 모습을 보면 나까지 덩달아 힘이 생기는 기분이다. 무엇보다 미래에 한국 축구의 한 축이 될지도 모르는 선수 아닌가. 특히 박규현은 그랬다. 고교 무대에서 '괴물'이라 불리는 센터백이었다. 체격이 크지 않지만 빠르고 왼발을 쓴다는 장점이 있어 센터백뿐만 아니라 사이드백, 수비형 미드필더까지 볼 수 있는 다재다능한 선수로 유명했다.

베르더 브레멘 역시 박규현의 그런 점을 높이 샀다. 독일의

계약서에 서명하는 중

센터백은 대부분 체격이 커서 가진 장점이 대체로 비슷한데, 박규현은 멀티 플레이가 가능한 자원이라 유용하다고 했다. 이걸 누구한테 들었냐고? 베르더 브레멘 유소년 디렉터 비욘 쉬렌벡이 한 말을 직접 들었다. 내가 박규현을 만나서 브레멘에 간 날, 박규현은 비욘과 만나 베르더 브레멘과의 계약서에 서명을 했다. 나는 비욘과 박규현의 옆에 앉아 그 현장을 지켜봤다.

얼떨결에 벌어진 일이다. 브레멘에 도착한 날, 먼저 시내에서 박규현의 에이전트와 박규현, 그의 어머니를 만났다. 함께 이

브레멘에 잘 도착했어요!

야기를 나누던 에이전트가 괜찮으면 구단 사무실에 함께 가자고
했다. 오늘 계약서에 서명을 하고, 앞으로의 일정에 대해 설명을
들을 예정인데 관계자 대부분이 영어를 잘하지 못한단다. 독일어
가 필요한 상황이 생기면 내가 도움을 줄 수 있는지 요청한 것이
었다. 뭐, 내가 언제 계약 현장을 보겠어. 흔쾌히 좋다고 했다.

그렇게 함께 베르더 브레멘의 사무실로 갔다. 비욘과 만나서
인사를 나눴다. 내가 독일어로 도움을 주는 대신, '오피셜' 사진은
직접 찍어서 사용하겠다고 했다. 보통 구단에서 찍고 공식적으로
릴리즈를 하면 언론에서 받아서 쓴다. 제3자가 보기에 구단 사진
과 내가 직접 찍은 사진에 큰 차이가 없을 수 있지만, 내가 그 현장

에 있었다는 사실을 보여주는 것만으로도 의미가 있다. 적어도 나에게는. 기자들의 심리가 그렇다.

비욘은 그러라고 했다. 좋은 기브 앤 테이크가 됐다. 나는 그렇게 멀찍이 앉아 박규현이 계약서에 서명하는 모습을 지켜봤다. 임대 계약은 2년. 이 기간 내에 프로 경기를 3경기 뛰면 완전 이적을 하는 조건도 달렸다. 생각보다 간단하고, 빨리 끝나는 절차였다. 1분도 걸리지 않았다. 이 1분 안에 한 선수의 미래가 바뀐다니. 얼마나 많은 선수가 유럽에서 저 하얀 종이에 서명하길 원하고 있을까. 아들이 목표를 이루는 모습을 지켜본 어머니는 "참, 열두 살에 축구를 시작했는데 어느새 여기까지 왔네…"라며 감격스러운 목소리로 말씀하셨다. 박규현은 내내 웃음을 멈추지 않았다. 나는 모든 모습을 사진으로 담았다. 비욘은 영어로 박규현과 이야기를 주고받다가, 한계를 느꼈는지 나를 불러 독일어로 말하기 시작했다. 나는 최선을 다해 한국어로 통역해 전달했다. 박규현에게 기대하는 점들을 강조했다. 내가 앞서 설명한 베르더 브레멘이 박규현을 영입한 이유를, 그렇게 알게 됐다.

이어서 박규현의 향후 스케줄을 안내할 차례가 됐다. 옆방에 생활 매니저가 기다리고 있었다. 그가 박규현에게 일정을 설명해 줄 예정이었다. 나는 박규현과 함께 그 방으로 갔다. 매니저는 훈련 스케줄, 독일어 수업 스케줄, 수업 장소, 방식 등을 상세하게 설명해줬다. 혹시나 하는 가능성에 대비해 매니저는 나의 연락처도 받았다. 독일에서 선수들을 취재하다 보면 가끔 이렇게 취재 이상의 업무를 맡는 일도 생긴다. 나까지 덩달아 멀티 플레이어가 됐다.

계약을 완료하고 함께 근처 레스토랑으로 식사하러 갔다. 이제 드디어 내가 인터뷰를 할 시간이 됐다. 식사를 빠르게 마치고, 테이블을 옮겨 인터뷰를 진행했다. 박규현은 테스트 훈련을 받을 때부터 인종차별을 당한 이야기를 털어놨다. "중앙 수비를 보는데 뒤에서 골키퍼가 영어로 인종 비하 발언을 하더라고요"라고 했다. 어린 나이에 깜짝 놀라지는 않았는지 물어보자 실력으로 대응했더니 다음 날 그 선수가 와서 엄지 척을 날려줬단다. "애들이 인정도 빠르더라고요!"라며 허허 웃었다. 그런 박규현의 모습을 보며 이상한 확신이 생겼다. 유럽에서 뭐가 되도 되겠다. 이런 대범한 멘털리티는 유럽에서 뛰는 어린 선수들이 반드시 가져야 한다. 보통 경험하며 체득하는데 박규현은 이미 그런 멘털을 갖고 있었다.

30분가량 인터뷰를 진행하고 나니 어느덧 저녁이 됐다. 슬슬 뮌헨으로 돌아갈 시간이 다가왔다. 박규현의 에이전트, 어머니와 함께 공항으로 갔다. 앞으로 자주 보자고 진하게 인사를 주고받았다. 프로 데뷔할 기회가 생기면 미리 내게 귀띔해주겠다고, 꼭 브레멘에 오라고 박규현은 나와 약속했다.

아쉽게도 박규현은 아직 베르더 브레멘에서 프로 데뷔전을 치르지 못했다. 교체 명단에는 종종 들었지만 출전 기회를 잡지 못했다. 수비수는 포지션 특성상 교체 카드 사용이 가장 적다. 결국 그는 프로 무대를 위해 임대를 떠났다. 2022-23시즌 디나모 드레스덴으로 임대 이적해 3부 리그에서 활약하고 있다. 독일어 실력도 일취월장해서 현지 미디어와 통역 없이 인터뷰도 진행한다. 불과 3년 전만 해도 베르더 브레멘 사무실에서 내 통역에 의지했던 어린 박규현이 당당히 독일어로 인터뷰를 한다니. 격세지감을 느낀다.

그는 내게 늘 고맙다고 한다. 유럽 진출 초기에 내가 기사를 많이 쓴 게, 큰 힘이 됐다고. 사실 바이에른 뮌헨, 정우영, 이재성, 백승호 등 굵직한 취재원을 우선순위로 쫓느라 박규현의 소식을 놓칠 때도 종종 있었다. 입단식을 함께한 각별한 선수라 그런지 괜히 미안한 마음도 들었다. 그런 내게 박규현은 그저 고맙다고 말하니, 내가 더 고마울 따름이다. 박규현의 유럽 진출 직전과 직후를 사진과 글로 담아낼 수 있어 기뻤다. 언젠가 유럽과 중앙 수비수로 이름을 크게 떨치는 날이 오길 바란다.

▶

▶

백승호의
통역사가 됐다

백승호가 독일로 올 줄은 꿈에도 몰랐다. 그가 다름슈타트로 이적했다. 바르셀로나와 지로나에서 만족스러운 기회를 얻지 못했는데, 마침 다름슈타트의 전 감독 디미트리오스 그라모지스가 그를 간절하게 원했다. 그의 진심이 백승호의 발걸음을 돌렸다. 스페인 축구에 어울리는 백승호가 독일에 도착했다.

내 머릿속에는 딱 두 글자가 떠올랐다. '대박.' 오랜만에 독일에 스타가 등장했다. 나는 곧바로 구단에 연락을 취했다. 구단에서도 한국에서 온 기자라고 하니 반가워했다. 그들 입장에서도 이렇게 작은 구단을 아시아에 알릴 기회가 생겼으니 기쁜 일이다. 미디어 담당자는 백승호가 프랑크푸르트에서 차범근 전 감독과 만났다는 고급 정보까지 내게 전달했다. 이건 진짜 대박이다. 독일 축구 전설과 신예의 만남. 벌써 타이틀이 그려졌다. 사진기자에게 거금을 들여(!) 사진을 구입하고, 백승호에게 차 전 감독과 어떤 이야기를 주고받았는지 물었다. 분데스리가에 대한 전반적인 이야기, 곧 어린 후배가 겪을 어려움 등에 대해 전해줬단다. 기사를 쓰면서 오랜만에 가슴이 두근거렸다. 내가 직접 취재한 것도 아닌데 이렇게 설렐 일인가.

백승호와 긴 인터뷰를 하고 싶었지만, 아직 경기를 뛰기도 전이라 나중으로 미뤘다. 대신 미디어 데이에 참석하기로 했다. 독일 현지 기자들이 직접 미디어 데이를 요청했단다. 백승호는 스페인에서도 현지 기자들에게 인터뷰를 요청받은 적이 없다. 얼떨떨해 보였다. 미디어 데이 날짜가 정해진 후 구단에서 내게 먼저 연락을 해왔다. 내가 꼭 왔으면 좋겠다고. 그때 드는 쎄한 느낌.

백승호 선수와 기념사진

미디어 데이를 성공적으로 마친 후 (위) / 훈련 중인 백승호 (아래)

애네 혹시… 통역이 필요한가?

나의 예감은 틀리지 않았다. 백승호가 구단 관계자에게 '나 독일어는 전혀 못하고, 영어도 자신이 없는데 미디어 데이에서 잘할 수 있을까?'라고 물었다고 한다. 돌아온 대답은, '괜찮아. 그 한국에서 온 기자가 독일어를 좀 하던데? 걔한테 통역을 부탁하려고.'

종종 한국 선수들의 독일어 통역을 도와준 적이 있다. 그래도 기껏해야 한두 마디 정도였다. 이제는 공식적인 자리에서 통역을 하게 됐다. 뭐, 이런 것도 다 경험이겠거니 생각했다. 그보다는 다름슈타트에서 적응 중인 백승호의 모습을 볼 생각에 마냥 신이 났다.

미디어 데이는 오후 3시로 예정됐다. 나는 2, 3시간 더 일찍 가서 백승호와 만났다. 다름슈타트 동료들이 추천했다는 식당에 가서 점심을 먹고, 유튜브 콘텐츠를 함께 구상했다. 당시 백승호는 아직 이사를 끝내지 못해 호텔에 머물고 있었는데, 마침 리셉션 직원이 스페인 사람이라 호텔에 머무는 동안 그의 도움을 많이 받았단다. 자주 산책을 나간다는 공원도 한 바퀴 돌고, 영상으로 백승호의 잔잔한 일상을 담았다. 황희찬을 향한 사랑의 영상편지도 썼다. 짧지만 알차게 콘텐츠를 만들었다.

약속 시간이 가까워져 경기장으로 향했다. 경기장에서 미디어 데이를 진행하고 훈련하는 일정이었다. 백승호는 탈의실로 가고, 나는 먼저 현지 기자들과 구단 관계자를 만나 인사를 나눴다.

기자들 모두 나이가 지긋해서 놀랐다. 한 기자는 차범근이 뛰던 시절에도 취재를 했단다. 백승호가 차범근처럼 한 경기 뛰고 군대로 가버리는 일은 없어야 한다며 농담도 쳤다. 곧 백승호가 나왔다. 내가 먼저 짧게 질의응답을 진행했다. 사실 점심 먹으면서 다 나눈 얘기들이지만, 기사를 위해서는 공식적인 자리에서의 멘트가 필요했다. 5분가량 진행한 후 이제 현지 기자들의 차례였다. 나는 수첩을 빠르게 꺼내 그들이 하는 질문을 적었다. 인터뷰 통역은 처음이라는 나를 위해 기자들 모두 천천히 질문을 건넸다. 내용은 아주 흥미로웠다. 바르셀로나 시절 이야기부터, 군 문제는 어떻게 해결할 건지, 차범근과 만난 적이 있는지 등 꽤 깊이 있는 질문들이었다. 백승호도 놀란 눈치였다.

질문은 흥미로운데, 통역은 정말 어려운 일이었다. 분명히 다 이해를 했는데 한국어로 바로바로 나오지 않았다. 자꾸 더듬거리는 내 모습을 보면서 백승호가 "천천히 하세요"라며 웃었다. 선수들 앞에서는 늘 프로 같은 모습만 보이고 싶은데, 독일에 있다 보면 종종 이렇게 민망한 일도 생긴다. 동시통역사에게 존경심을 갖게 됐다. 언어만 잘한다고 다 되는 일이 아니다. 순발력도 좋아야 하고, 뇌가 정말 빠르게 돌아가야 한다. 어려운 문장이나 단어가 없었는데도 진땀을 쏙 뺐다.

20분가량 진행된 미디어 데이는 밝은 분위기 속에서 끝났다. 모두 함께 기념사진도 찍었다. 작은 구단이어서 가능한 분위기였다. 백승호가 예쁨을 받는 것 같아 기분이 좋았다. 축구야 워낙 잘하니까 자리만 잘 잡으면 된다. 훈련 시간이 다 되어서 그는 곧 경기장 옆에 있는 훈련장으로 갔다. 벌써 동료들과 웃으며 장난치는 모습이 보였다. 해가 뉘엿뉘엿 지는 훈련장에서 환히 웃는 백승호는 행복해 보였다. 그 모습을 모두 카메라에 담고 뮌헨으로 오는 나도 흐뭇했다. 드디어 백승호가 뛸 수 있는 팀으로 온 것 같아서.

이청용이 그에게 중요한 조언을 건넸다. 네게 변화가 필요한 때라고. 축구 선수는 뛸 수 있는 곳에서 마음껏 뛰어야 한다고. 경험에서 우러나오는 조언이었다. 백승호의 이적 결심에 큰 영향을 미쳤다고 한다. 이렇게 위에서 끌어주는 좋은 선배가 있다는 건 참 큰 복이다.

덕분에 나는 통역 경험치를 쌓았다.

▶

▶

차범근을 얻고,
노트북을 잃었다

다름슈타트는 뮌헨과 비교적 가까운 도시다. 적어도 킬에 비하면 그렇다. 기차로 3, 4시간이면 넙죽 절하면서 매번 홈경기에도 갈 정도다. 백승호가 다름슈타트에서 자리를 잡아가면서, 다름슈타트에 가는 횟수도 점점 늘어났다. 주말에 한국 선수를 취재하는 일은 나의 기쁨이지만, 나름대로 세운 규칙이 하나 있었다. 주말 이틀 내내 현장 취재는 금지. 회사에서도 주말 하루는 쉴 수 있게 해줬기에, 쉬는 날은 축구에서 벗어나기로 했다. 그 철칙을 딱 한 번 깬 적이 있다. 토요일에 알리안츠 아레나에 다녀온 후 일요일에는 쉴 계획이었다. 그랬는데. 다름슈타트에 그분이 오신단다. 바로 차범근 전 감독님. 프랑크푸르트의 레전드. 다름슈타트에서 한 경기 뛰고 군대로 불려간 그분. 수요일에 그 소식을 접한 나는 부랴부랴 취재 신청을 했다. 차범근 이야기를 기사로 실을 수만 있다면 휴가 반납은 아무런 문제가 안 됐다.

바이에른 경기는 저녁에 열렸다. 퇴근하고 나니 새벽이다. 결국 나는 5시간도 못 자고 다름슈타트로 출발해야 했다. 하필 알리안츠 아레나 기자석 계단에서 두 번이나 넘어져서 두 무릎에 시퍼런 멍까지 생겼다. 그 무릎을 안고 새벽 기차에 몸을 실었다. 마치 부상 회복도 제대로 못하고 다시 경기에 투입되는 기분이랄까.

다름슈타트에 도착했다. 사실 이날 경기의 중요성은 그리 크지 않았다. 워낙 자주 와서 백승호와 믹스트 존 인터뷰도 상대적으로 편안하게 느껴졌다. 나의 모든 포커스는 단 한 명, 차 감독님에게 맞춰졌다. 경기장에서 백승호가 몸을 풀고 있는데 영상도 찍지 않고 계속 관중석을 살폈다. 차 감독님이 언제 등장하나, 어디에 앉나 모든 신경을 곤두세우고 관찰했다. 심지어 노트북도 안 폈다.

경기가 시작됐다. 백승호는 선발이었다. 노트북을 열어 그의 움직임을 빠르게 기록했다. 상보 기사는 써야 하니, 주요 장면만 간단히 적었다. 10분 정도 흘렀을까? 회색 트렌치코트를 입은 차 감독님이 관중석에 등장했다. 멋진 머플러를 두른 그는 주변을 두리번거리더니 앞쪽에 있는 빈 좌석에 앉았다. 가슴이 쿵쾅거리기 시작했다. 쉬러 오셨는데 괜히 방해하는 건 아닐지 조심스러웠다.

백승호의 경기를 지켜보는 차붐

　다행히 내 존재를 아예 모르진 않고, 간접적으로 알고 계셨
다. 2017년 11월, 내가 아직 한국에 있을 때의 일이다. 수원월드
컵경기장에서 열리는 한국과 콜롬비아의 친선 A매치를 취재하러
갔었다. 하메스 로드리게스가 출전해서 많은 관심을 받은 경기였
다. 대다수가 콜롬비아의 승리를 예상했다. 나도 그랬다. 최근에
한국은 계속 부진했고, 손흥민도 대표팀에서 골을 못 넣는 중이었
다. 그 예상을 한국은 보기 좋게 깼다. 손흥민이 무려 두 골을 넣으
며 2-1로 이겼다. 관중석은 흥분의 도가니탕이 됐다. 경기가 끝나

자마자 나는 같은 회사 선배와 함께 빠르게 믹스트 존으로 내려갔다. 이런 경기에서는 먼저 믹스트 존에서 자리 잡고 있는 사람이 승자다. 그래야 명당을 차지하고, 손흥민을 인터뷰할 수 있다. 어찌나 빨리 내려왔는지 선수들이 아직도 경기장에 있었다. 얼마나 지났을까. 손흥민이 두꺼운 패딩을 입고 터벅터벅 들어왔다. 그때 누군가 "야, 홍민이!"라 불렀다. 차 감독님이었다. 손흥민은 차 감독님을 보자마자 아이처럼 푹 안겼다. 넋을 놓고 보고 있는데 선배가 옆에서 "저런 건 찍어"라고 언질을 줬다. 나는 얼른 카메라를 켰다. 한참 안겨 있던 손흥민이 고개를 들었다. 그는 훌쩍이고 있었다. 대표팀에서 1년 만에 골을 넣은 날이었다. 그래서 그동안 한국 축구 팬들에게 질타도 많이 받았었다. 이제야 한을 풀어 눈물이 나는 모양이었다. 그것도 차붐의 품에 안겨서! 그 장면을 본 기자는 나와 선배뿐이었다.

다음 날 내가 올린 기사와 영상은 각종 포털 사이트 메인 화면에 올랐다. 그것도 하루 종일. 온 사방에서 연락이 쏟아졌다. 기자 동료, 협회 관계자, 지인… 이유는 제각각이었지만 새삼 손흥민과 차범근의 위력을 실감했다. 제목은 '레전드 품에 안겨 손흥민은 울었다.' 내가 독일로 오기 전에 썼던 마지막 기사다. 1년이 흘렀을까. 차 감독님이 포털 사이트 '다음'을 통해 칼럼을 쓰시는데, 그때 내가 찍은 영상을 칼럼에 넣고 싶어 하셨다. 칼럼 담당자가 내게 연락해 사용 허가를 구했다. 영상 저작권은 내가 아닌 〈포포투〉에 있어 편집장의 연락처를 알려드렸다. 얼마 후 차 감독님의 칼럼에 내가 당시 찍은 영상이 실렸다. 감회가 새로웠다.

　일명 '온라인 인연'인 상황. 나는 그 영상을 시작으로 이야기의 물꼬를 틀 작전을 세웠다. 살며시 그의 근처로 내려갔다. "안녕하세요!" 예상치 못한 한국어 인사에 적잖이 당황하신 눈치였다. 짤막하게 소개를 한 후 잠간 옆에 앉아도 되는지 여쭸다. "아, 예, 예." 그리 내키지 않는 듯한 표정을 지으셨다. 양해를 구한 후, 다시 한번 제대로 소개를 했다. 그리고 당시 손흥민과의 영상을 찍은 장본인이라고 했다. 그러자 표정이 완전히 달라지셨다. 심지어 반가워하신다. 어떻게 그걸 찍었냐고. 아, 다행이다. 분위기가 한층 누그러졌다. 그때부터는 내가 굳이 무슨 대화를 이끌어 나가지 않아도 됐다. 마치 아버지가 자식에게 옛날 옛적 이야기를 들려주는 것처럼 이야기보따리를 펼쳐놓으셨다. 감독님이 레버쿠젠에서 뛰던 시절, 뭘 먹고 축구를 했는지, 잔디는 어땠는지, 얼마나 열악했는지 등을 설명해주셨다. 역사책 한 권을 오디오북으로 듣는 기분이었다. 들으면 들을수록 괜히 자부심도 생겼다. 이런 선수가 한국에 있었다니. 눈앞에서 뛰고 있는 백승호부터 이청용, 이재성, 권창훈, 정우영 등 독일의 한국 선수들을 향한 조언도 아낌없이 주셨고 나아가 손흥민 얘기까지 하셨다. 지금 백승호가 골을 넣어도 모를 만큼 나는 그의 이야기에 푹 빠져들었다. 이 이야기를 기사로 써도 되겠느냐고 여쭸더니, 흔쾌히 그러라고 하셨다. "그럼 혹시 경기 보시는 모습을 사진으로 한 장만 남겨도 될까요?" 감독님은 웃으시더니 곧 경기를 보는 듯한 포즈를 취해 주셨다. 무뚝뚝해 보이던 이미지가 완전히 바뀌었다. 최소한 내가 그의 기분을 불쾌하게 만든 것 같지는 않아서 다행이었다.

전반전이 끝났다. 괜찮으면 같이 VIP 라운지로 가자고 하신다. 다과와 다양한 음료가 준비되어 있다고. 감독님의 아내도 거기 계신다고 했다. 와, 실화야? 너무 큰 영광이었다. 냉큼 따라나섰다. 하지만 아쉽게도 취재기자는 출입할 수 없었다. 감독님은 괜히 미안해하시며, 금방 나올 테니 후반전에 보자고 하셨다. 아무래도 괜찮다. 나는 이 틈을 타서 방금 들은 방대한 내용을 옮겨 적으러 다시 기자석으로 갔다. 그런데 내 노트북이 보이지 않는다. 무슨 일이지? 가방과 옷은 그대로인데. 아뿔싸. 밑을 보니 노트북이 바닥에 떨어져 있다. 날이 워낙 추웠고 또 바닥이 시멘트라 굉장히 딱딱했다. 떨리는 마음으로 노트북을 확인하니 역시 완전히 망가졌다. 화면이 초록색이었다. 스크린 액정이 완전히 깨진 모양이다. 눈물만 안 났지, 마음속으로는 울부짖었다. 노트북도 노트북이지만 당장 기사를 못 쓰는 게 가장 속상했다. 누구의 탓도 할 수 없었다. 노트북을 열어둔 채로 사라진 내 잘못이었다. 결국 꽁꽁 얼어버린 손으로 겨우겨우 액정을 두드려 기사를 완성했다. 동료에게 보내 대신 송고해달라고 부탁했다. 해외에서 혼자 취재를 하다 보면 이렇게 국내 동료의 도움을 어쩔 수 없이 받는

스크린이 완전히 나갔다

상황이 생긴다. 예상치 못한 불상사가 많이 일어나기 때문이다. 후반전이 되자 감독님이 다시 돌아오셨다. 이번에는 축구가 아닌 사람 사는 이야기를 나눴다. 내 사정에 대해서도 궁금해 하셨다. 어쩌다 독일로 왔는지, 여기서 기자로 일하는 게 어떤지… 이런 질문을 참 오랜만에 받았다. 그새 친근해진 덕일까. 솔직한 이야기를 다 꺼냈다. 고충과 고충, 그리고 고충. 왜 힘들다는 말이 더 많이 나왔을까? 사실 어디 가서 우는 얘기는 잘 안 꺼내는 성격인데, 손흥민이 그의 품에 안겨 울었던 것처럼 나도 감독님에게 어떤 푸근함을 느꼈나 보다. 그는 우리 축구계의 아버지다, 그야말로.

경기가 끝나 갔다. 나는 마지막으로 인사를 드렸다. 나중에 꼭 다시 만나자는 약속과 함께 얼른 기자석에 올라갔다. 상보 기사를 마무리하고, 빠르게 백승호 인터뷰 질문을 정리했다. 그날 백승호와 어떤 인터뷰를 했는지 잘 기억나지 않는다. 처음부터 끝까지 차범근이었다. 분데스리가의 팬으로서, 독일 축구가 좋아서 독일로 온 기자로서, 그와의 만남은 꿈만 같았다. 비록 노트북 수리비용은 어마어마하게 많이 들어갔지만. 대신 차범근을 얻었으니 됐다. 오래도록 기억에 남을 취재 현장이었다. 다시 만날 그 날을 고대하며.

▶

▶

킬에서
떡볶이 먹어봤니?

홀슈타인 킬과 다름슈타트의 경기
가 끝났다. 이재성과 서영재, 백승호가 한곳에 모였다. 한국인 선
수가 셋이나 있으니 관중석에 태극기도 많이 보였다. 한국 팬들이
많이 찾았다.

홀슈타인 슈타디온은 작고 정겹다. 경기가 끝나고 선수들이
퇴근하는 모습도 팬들은 다 지켜볼 수 있다. 원정팀 백승호는 다
름슈타트 버스를 타고 일찍 떠났다. 이재성과 서영재가 팬들 앞에
등장하자 한국 팬들은 순식간에 그들을 둘러쌌다. 킬에 이렇게 많
은 팬이 온 건 처음이라며 선수들도 기분이 좋아 보였다. 그때 서
영재가 외쳤다. "아니, 팬분들이 이렇게 많이 오셨는데, 재성이 형
이 맛있는 거라도 쏴야 하는 거 아냐?"

서영재는 이재성의 통역사이기도 했다

서영재는 장난으로 한 말이었다. 그 말을 들은 팬들은 일제히 〈슈렉〉에 나온 고양이 눈을 하고 이재성을 쳐다봤다. 그 눈빛을 어떻게 모른 척할 수 있을까. 평소에도 팬들 잘 챙기기로 유명한 이재성은 알았다고 했다. 시간이 늦었으니 그의 집에 가서 함께 배달 음식을 시켜먹기로 했다. 나까지 덩달아 합류했다.

이재성과 서영재는 각자 자가용을 이용해 팬들을 집으로 모셨다. 팬이 워낙 많아서 두 번씩 오가야 했다. 경기를 뛴 후라 피곤할 텐데, 전혀 내색하지 않았다. 마침 이재성의 어머니도 계셨다. 여기까지 와서 배달 음식만 대접할 수는 없다며 부엌에서 분주히 재료를 살피셨다. 김밥을 말까, 볶음밥을 할까 하고 고민하시다가, 마침 불려놓은 떡이 있어 떡볶이를 하기로 했다. 이렇게 많은 양의 떡볶이는 처음이라고 하셨다. 차마 나까지 팬들 사이에 앉아 있을 수 없어서 어머니를 도와 떡볶이를 함께 만들었다. 파도 썰고, 어묵도 잘라 넣고, 간을 보며 빠르게 떡볶이를 완성했다. 피자 10판도 주문했다. 선수도, 팬도 경기가 끝나면 배가 고픈 건 똑같다. 떡볶이 냄새가 솔솔 풍기는 거실에 팬 15명 남짓과 이재성, 서영재가 둘러앉아 도란도란 대화를 나눴다. 그 모습을 보면서 참 대단하다 싶었다. 경기가 끝나면 선수들은 아무것도 하기 싫을 정도로 피곤하다. 아드레날린이 잔뜩 분비되어서 잠에 쉽게 들지는

킬은 독일 북쪽 끝에 있는 작은 항구 도시다

코리안 분데스리거 3인이 모였다(위) / 이재성의 집에 모인 팬들(아래)

못하지만 몸은 아주 피곤하다고 들었다. 그런데 저렇게 팬들과 함께 웃으면서 시간을 보내는 이재성을 보며 팬 사랑이 얼마나 끔찍한지 알 수 있었다. 가끔 부엌으로 들어와 "떡볶이 다 됐나?" 하고 기웃거리는 모습은 영락없는 막내아들이었다.

떡볶이가 가득 담긴 커다란 냄비를 들고 거실로 갔다. 작은 앞접시와 포크도 준비했다. 다들 기다렸다는 듯이 맛있게 먹었다. 그 모습을 보니 덩달아 배가 부른 기분이 들었다. 피자도 곧 도착했다. 자정이 다 된 시각, 이재성의 집에서 별안간 떡볶이와 피자 파티가 열렸다.

멀찍이 앉아 그들을 지켜보던 중, 갑자기 피곤함이 밀려왔다. 생각해보니 나 오늘 새벽에 일어나서 킬에 왔네? 뮌헨과 킬은 남쪽과 북쪽, 끝과 끝에 위치해 있다. 새벽에 일어나 뮌헨 공항에 가서 비행기를 타고 함부르크에 도착한 후 버스를 타고 킬로 왔다. 만만치 않은 여정이었다. 이재성과 서영재, 백승호를 모두 기사로 쓰느라 머릿속도 방전이 된 상태였다. 식탁에 널브러지듯 앉았다. 서영재가 고맙게도 떡볶이 한 접시를 배달해줬다. 무거운 눈꺼풀을 꿈뻑거리며 천천히 떡을 씹었다. 이 시간에 이재성의 집에서 떡볶이를 먹는 날이 있을 줄이야.

나는 이 이야기를 꼭 기사로 전하고 싶었다. 팬들을 집에 초대해 음식을 함께 먹는 선수가 대체 또 어디에 있단 말인가. 다만 걸리는 지점이 있었다. 혹시나 향후 킬에 방문하는 팬들이 '왜 우리는 집에 초대 안 해주지?' 하고 서운해할까 봐 걱정됐다. 기사를 쓰기 전 이재성에게 조심스레 의사를 물었다. 원하지 않으면 쓰지 않겠다고. 팬을 사랑하는 이재성이지만, 늘 이렇게 밤늦게 집에 초대하는 건 여간 힘든 일이 아니니까. 이재성은 웃으며 답했다. "괜찮아요! 항상 이렇게는 못 해드려도, 또 다른 방식으로 팬분들에게 최대한 보답하면 돼죠!"

참, 알면 알수록 팬에 진심인 선수다. 나는 빠르게 기사로 정리해서 한국에 이 소식을 알렸다. 반응은 뜨거웠다. 내가 봐도 가히 역대급 팬 서비스인데, 한국에서 이 소식을 접한 팬들의 기분은 얼마나 설렐까. 재밌는 영상도 많이 찍었지만 이 이야기를 한국 축구 팬들에게 알린 게 가장 기분이 좋았다. 그게 나의 역할이고, 내가 추구하는 일이었다. 하마터면 아무도 모를 뻔한 한국 선수들의 각종 스토리들을 최대한 알차게 전하기. 내 가치관에 가장 걸맞은 기사가 아니었나 싶다.

밤 12시, 이재성의 집에서 열린 피자와 떡볶이 파티. 아마 오랫동안 잊지 못할 것 같다.

▶

▶

'황남 스타일'
기어이
물어봤다

'오피셜'도 콘텐츠인 시대다. 단순한 보도자료나 SNS로 두세 줄 정리하는 영입 공식 발표는 이제 시시하다. 요즘 구단들은 재밌는 사진을 찍는다거나, 합성을 한다거나, 영상을 제작하는 등 기발한 오피셜 자료를 만든다.

내게 가장 기억에 남는 오피셜 자료를 묻는다면, 단연 라이프치히가 떠오른다. 라이프치히에서 황희찬의 영입 소식을 알리던 순간은 정말 잊을 수 없다. 그날의 충격이란.

황희찬의 라이프치히 이적 소식은 이미 구단에서 발표하기 전부터 한국과 독일을 뜨겁게 만들었다. 〈스카이스포츠〉에서 단독 기사를 쓰자 국내 팬들은 잔뜩 설레기 시작했다. 율리안 나겔스만이 지도하는 그 팀, UCL에서 뛰는 팀, 분데스리가 거함 라이프치히로 황희찬이 간다니! 하루빨리 라이프치히에서 공식적으로 발표해주길 기다렸다.

나도 그랬다. 얼마나 멋진 콘텐츠로 황희찬의 영입을 발표할지 기대됐다. 황희찬의 별명이 황소이고, 라이프치히의 스폰서 레드불 역시 돌진하는 황소를 아이콘으로 두고 있으니 꽤 멋진 작품이 나오지 않을까 생각했다.

그날이 왔다. 7월 8일. 라이프치히의 보도자료가 도착했다. 됐고, 나는 바로 인스타그램으로 향했다. 과연 어떤 포스팅을 올렸을까? 아니나 다를까 황희찬 영입 소식을 알리는 동영상이 올라와 있었다. 빠르게 클릭했다. 클릭하자마자 들리는 놀라운 소리. "희찬, 강남 스타일." 내가 방금 뭘 들었지? 화면을 왼쪽으로 밀어서 뒤로 간 후, 다시 클릭했다. 굵직한 목소리를 가진 독일인이 어눌한 발음으로 싸이의 강남 스타일 노래를 불렀다. 황희찬이 잘츠부르크에서 골을 넣는 장면, 세계 최고의 수비수 버질 반 다이크를 우습게 제치는 짜릿한 장면까지 모두 "희찬, 강남 스타일"로 뒤덮였다. 황희찬의 멋진 하이라이트는 보이지 않고 오직 그 목소리만 들렸다. 노래 제목은 〈황Hwang남 스타일〉이었다. 꼭 이래야만 속이 시원했나.

웃기지도 않고, 감동도 없는 이 난해한 영상에 나는 할 말을 잃었다. 노력은 가상하나, 그토록 기다려온 대형 이적을 알리는 영상의 퀄리티가 겨우 이 정도라니. 본인들은 멋지다, 웃기다 생

황희찬 스타일

각하면서 녹음하고 편집했을 모습을 상상하니⋯. 새삼 실감이 났다. 그래, 여기는 독일이지.

　궁금했다. 누가, 왜, 어떻게 이런 기획을 했을지. 그 궁금증을 해결할 시간은 생각보다 빨리 찾아왔다. 8월에 황희찬의 입단 기자회견이 온라인으로 열렸다. 나도 냉큼 참여했다. 독일인 기자들이 잔뜩 참석해 나와 황희찬은 독일어로 질의응답을 주고받을 수밖에 없었다. 늘 한국어로 대화하다, 독일어로 대화를 하려니 그 부끄러움과 어색함이 화면을 뚫고 나올 정도였다. 사실 황희찬에게 궁금한 것은 별로 없었다. 나의 목표는 그 옆에 앉은 구단 관계자 틸 뮐러였다. 기자회견이 무르익자 분위기가 조금 여유로워졌다. 이때다. "혹시, 황희찬 말고 구단에 질문을 하나 해도 될까?"

　틸은 웃으며 그러라고 했다. "황희찬의 입단 발표를 하던 날, '황남 스타일'이 큰 주목을 받았어. 이 영상을 기획한 과정과 의도가 궁금해."

　틸과 황희찬은 동시에 고개를 숙이며 '빵' 터졌다. 어딘가 부끄러운 듯한 모습이었다. 황희찬도 덩달아 "아, 나도 궁금했어!"라고 거들었다. 틸은 이렇게 답했다. "아, 그건 우리 미디어 팀의 기획이었어. 유명한 DJ가 〈강남 스타일〉을 직접 불렀는데, 가사도 바꾸고, 이름도 '황남 스타일'로 바꿨지. 한국에서 팬들이 즐거워하며 우리 팀을 주목해주길 바랐어. 이번 기회에 한국 팬들이 우리 팀의 소식을 계속 받아보는 효과를 기대하고 있어."

황희찬 인터뷰

다소 진지한 답변이 돌아왔다. 뭐라고 피드백을 줄지 고민하는데 그가 갑자기 웃기 시작했다. "물론 희찬에게는 조금 부끄러울 수 있지. 나도 알고 있어. 대신 득점 장면을 많이 넣었잖아? 반다이크를 제치는 영상도 무조건 넣어야 한다고 강조했다구! 그런 장면을 다 넣었으니 희찬이 아주 부끄러워하지는 않기를 바라!"

결국 황희찬은 고개를 푹 숙였다. 틸은 그런 황희찬을 바라보며 "그렇게 부끄러워? 아니지?"라며 재차 물었다. 나는 떨리는 마음으로 다음 질문을 던졌다. "혹시 황희찬이 그 노래를 부르거나, 노래에 맞춰 춤을 출 확률은?"

"음, 희찬이 골을 넣으면 한번 시켜보지 뭐!"

그날이 빨리 오길 바라면서도, 한편으로는 두렵기도 했다. 왠지 금세 골을 넣을 것 같았거든. 다행인지, 불행인지 황희찬이 '황남 스타일'을 부를 일은 없었다. 라이프치히에서 좀처럼 기회를 잡지 못하다가 프리미어리그 울버햄튼으로 이적했기 때문이다. 울버햄튼은 조금 더 멋지고 세련된 콘텐츠로 황희찬을 환영했다. 황희찬도 더 세련된 플레이로 골을 펑펑 넣었다. 그 모습을 보니 '황남 스타일' 노래 부르는 모습을 못 본 게 조금 아쉬워졌다. 앞으로도 볼 가능성은 없지만 라이프치히의 짧고 강렬한 오피셜 영상은 내 머릿속에 길이 남을 것 같다.

지금도 "희찬, 강남 스타일'을 부르는 그 굵은 목소리가 계속 들리는 기분이니까.

▶

▶

코로나19 시국에
인터뷰하는 방법

축구의 꽃은 현장이다. 경기가 펼쳐
지는 90분만으로는 축구를 정의할 수 없다. 잔디 냄새를 맡고, 선
수들이 으르렁거리며 달리는 모습을 눈에 담고, 경기 후 기자회견
장에서 감독의 목소리를 기사로 옮기고, 믹스트 존에서 선수들이
웃거나 속상해하는 모습을 생생하게 마주하며 인터뷰하는 모든
현장이 나에게는 축구의 범주 안에 포함된다.

2020년 봄, 그 축구가 사라졌다. 코로나19 팬데믹이 전 세계
를 덮치면서 분데스리가가 전면 중단됐다. 축구공이 멈추는 순간
은 단 한 번도 상상해본 적이 없다. 매주 주말 리그 경기가 열리고,
리그가 끝나면 각종 국제 대회가 열리고, 친선경기에 연습 경기까
지⋯ 365일 굴러가는 게 바로 축구였다. 덕분에 나는 제대로 휴가

도 다녀올 수 없었다.

그런 축구가 멈췄다니. 사실 기사거리가 부족한 건 아니었다. 하루가 멀다 하고 이 클럽, 저 클럽에서 확진자가 속출했다. 독일축구연맹DFL은 평소보다 기자회견을 더 자주 열었다. 리그 중단으로 인한 손실액은 어마어마했다. 구단들은 모두 휘청거렸다. 선수들은 자진해서 월급을 줄이거나, 반납했다. 외출 제한령까지 떨어져서 선수들은 훈련도 할 수 없었다. 모두 집에서 개인 운동을 하면서 체력을 단련했다. 처음에는 어쩐지 휴가가 주어진 듯한 기분이 들었다. 집에 편안하게 앉아서 새로 올라오는 소식들을 빠르게 기사로 쳐내면 그날 일과는 끝이었다. 기자회견도 없고, 주말 경기도 없고, 인터뷰하러 갈 일정도 없으니 바쁠 일도 없었다.

3월 말, 우리 한국 선수가 코로나19를 코앞에서 경험했다. 이재성이었다. 팀 동료가 양성 판정을 받아 구단 전원이 자가격리에 돌입했다. 이재성은 가족도 없이 텅 빈 집에서 꼼짝도 못하고 14일을 보내야 했다. 독일의 당시 상황은 그야말로 재난 수준이었다. 마트에 있는 생활필수품이 모두 동났다. 특히 휴지 사재기 현상은 유행처럼 번졌다. 집에만 있어야 하는 이재성이 이 사태를 어떻게 헤쳐 나가고 있는지 궁금해 조심스레 인터뷰를 요청했다. 이재성은 흔쾌히 수락했다. 그는 집에서 개인 운동도 하고, 테라스에 나가서 신선한 공기를 맡고, 요리도 하면서 시간을 보낸다고 했다. 다행히 그의 지인이 장을 대신 봐주는 등 도움을 많이 받고

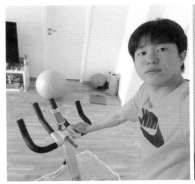

집에서 사이클링을 하는 권창훈

있다고 했다. 매번 그렇게 장을 봐서 집 앞에 놓고 가는 일이 쉬운
게 아닌데, 이재성이 주변인들에게 얼마나 좋은 사람이면 이런 값
진 도움을 받을 수 있을까 하는 생각이 들었다. 기사를 위해 셀카
도 한 장 요청했다. 미용실을 갈 수 없어서 머리가 덥수룩했다.

　　권창훈도 마찬가지였다. 이재성처럼 격리 신세는 아니었지
만 구단에서 외출을 자제해달라는 당부가 내려와 웬만하면 바깥
을 돌아다니지 않았다. 그는 어머니와 함께 지내서 그래도 덜 심
심했다. 권창훈에게도 기사를 위한 사진을 요청하자, 집에서 운동
하는 모습을 보내줬다. 훈련장에서 땀을 흘리고 있어야 할 선수들
이 집에서 사이클을 타고 있는 모습을 보니 영 어색했다.

　　이런 랜선 인터뷰도 잠깐일 줄 알았다. 분데스리가는 재개했

지만 무관중 경기가 이어졌고, 기자회견 및 믹스트 존 인터뷰도 모두 사라졌다. 텅 빈 경기장에 가서 90분 동안 공이 굴러다니는 모습만 보다가 귀가했다. 상황이 상황인지라 이해해야 했다. 그래도 아쉬움이 남는 건 어쩔 수 없었다.

점차 시스템이 나아져 기자회견은 현장에서 이뤄졌지만 완전한 오프라인은 아니었다. 그마저도 온라인으로 진행이 되었다. 경기 후 감독 혼자 기자회견장에 자리하고, 기자들은 그대로 야외 기자석에 앉아 사전에 메일로 공유된 ZOOM 링크를 통해 참여했다. 비바람이 세차게 부는 날이나, 차가운 겨울에는 견딜 수 없을 만큼 추웠다. 손가락이 꽁꽁 얼기도 했다. 그래도 별 수 있나. 버텨야지. 간혹 미디어 담당관이 기자들에게 질문을 받아서 감독에게 대신 질문을 해주는 경우도 있었다. 몸은 편했지만 마음은 편치 않았다. 얼굴이나 목소리에서 드러나는 다양한 감정선까지 공유될 수는 없으니까. 차라리 조금 추워도 온라인 기자회견이 나았다.

믹스트 존 인터뷰는 계속 취소였다. 가장 속상한 부분이었다. 독일은 대부분 경기가 끝나면 씻으러 가기 전에 믹스트 존 인터뷰를 진행한다. 방금 막 경기를 끝내서 땀이 뚝뚝 흐르고, 여전히 숨도 거칠고, 얼굴이 붉게 상기되어 있는 선수들에게 질문을 건네는 것만큼 짜릿한 순간은 없다. 축구의 꽃이 현장이라면, 현장의 꽃은 믹스트 존이라고 말할 수 있을 정도다. 보통 독일 선수들은 짧게는 2분, 길게는 5분 정도 믹스트 존에서 인터뷰에 임한다. 우리나라 선수들은 그보다 길다. 5분에서 10분 정도 진행한다. 아무래도 '분데스리가에서 뛰는 한국 선수'라는 특수성이 있어서 그렇다. 우리 선수들도 한국 기자가 있으면 특별히 신경 써서 인터뷰를 한다. 덕분에 짧은 시간 내에 풍성한 기사거리를 얻기도 한다. 바글바글한 독일 현지 취재진 사이에서 더듬더듬 말을 이어 나가는 우리나라 선수들의 모습을 볼 때는 어찌나 기분이 좋은지. 늘 사진과 영상으로 그 모습을 바쁘게 담았었는데, 이제 그런 모습을 모두 볼 수 없다. 그러다 보니 한국 선수들을 취재하러 갈 이유도 덩달아 사라졌다. 경기만 달랑 보고 오기에는 소요되는 비용이 너무 컸다. 안타까운 현실이었다. 경기 다음 날 유선으로 연락해서 짤막하게 '랜선 믹스트 존'을 시도하긴 했다. 골 넣은 소회 등을 쓸 수는 있었지만, 역시 경기 직후 생생한 감정을 전달하기엔 역부족이었다. 늘 어딘가 아쉬운 기사를 써야 했다. 경기 다음 날은 선수들이 쉬는 날인데 어쩐지 그들의 소중한 시간을 빼앗는 기분이 들기도 했다. 결국 몇 번 하다가 말았다. 코로나19가 원망스러운 순간이었다.

▶
▶

그 시국에 취재한
대표팀
오스트리아 소집

　　시간은 허무하게 흘렀다. 코로나19 규정이 시시때때로 바뀌어 도시 간 이동도 쉽지 않았다. 내가 사는 바이에른주는 락다운이 몇 번이나 걸렸다. 이전처럼 선수들과 따로 만나서 인터뷰하는 일은 불가능에 가까웠다. 방법이 없지는 않았다. 출장 등의 사유가 있으면 이동이 가능하다. 선수와 1.5미터 거리 두기를 지키고, 마스크도 착용한 채 만나면 된다. 하지만 현실적으로는 지키기 어려운 규정이었다. 사진도 찍어야 하고, 인터뷰 전후로 인사도 나눌 텐데 거리 두기가 어떻게 가능할까? 방역 수칙을 잘 지켜서 인터뷰를 진행했다고 명시하더라도 비판의 목소리가 나오지 않을 리 없었다. 1%의 가능성도 무시할 수 없기에 나는 그냥 집에 있기로 했다.

그런 나를 오랜만에 설레게 하는 소식이 들렸다. 국가대표팀이 A매치 평가전을 위해 오스트리아로 온단다. 오스트리아 빈에 머물며 발을 맞추고, 멕시코와 카타르를 상대할 예정이었다. 약 1년 만의 A매치이자 대표팀 원정길이었다. 파울루 벤투 감독은 오랜만에 대표팀을 소집하는 만큼 주전 멤버들을 대거 불렀다. 독일에 있는 이재성과 권창훈, 황희찬은 물론이고 영국의 손흥민, 프랑스의 황의조, 스페인의 이강인까지 불러들였다. 그야말로 완전체 벤투호였다. 2018년 월드컵 직전에도 인스부르크에서 평가전을 치른 적이 있다. 그때는 기성용이 주장이었다. 당시 한국에서 온 선배들, 동료들과 함께 취재했던 기억이 다시 떠오르면서 신이 났다. 기차를 서둘러 예약하고 숙소도 잡았다. 한국에서도 대표팀 취재는 숱하게 많이 했지만, 해외에서 하는 대표팀 취재는 느낌이 달랐다. 한국에 가는 기분이랄까? 오랫동안 못 봤던 동료들과 함께 기자석에 앉아 한국어로(!) 대화를 나누며 취재하고, 함께 서서 애국가를 듣고, 호랑이가 그려진 유니폼을 볼 수 있다. 코로나19 시국이라 발이 꽁꽁 묶여 있던 찰나에 '합법적으로' 가는 현장 취재라서 그 설렘은 두 배, 세 배로 증폭됐다.

한국에서는 우려의 목소리가 컸다. 오스트리아 확진자가 무서운 속도로 오르고 있던 중이었기 때문이다. 다행히 대표팀으로 소집된 선수들은 모두 음성 판정을 받고 무사히 빈으로 입성했다. 나도 출발 전 PCR 음성 결과지를 받았다. 한국에서는 아무도 취

현장의 꽃은 역시 인터뷰다

재를 오지 않는다는 소식을 들었다. 내심 아쉬웠다. 동시에 긴장도 밀려왔다. 현장 취재는 나와 영국에서 오는 선배뿐이었다. 즉, 현장발 기사는 우리 둘에게서만 나온다. 자칫 하나라도 놓쳐선 안 되는 상황이었다. 처음에는 마냥 설레다가 점점 걱정과 긴장이 밀려왔다.

빈에 도착해 짐을 풀고 훈련장에 갔다. 오랜만에 만나는 인사이드캠의 박현성 PD님, FA Photos 정재훈 선배 등에게 멀찍이서 반갑게 인사했다. 늘 거리 두기를 유지해야 해서 악수조차 할 수 없었다. 마스크로 얼굴의 반을 가려 나의 반가움도 50%밖에 전달할 수 없었다.

곧 선수단이 도착했다. 주장 손흥민을 끝으로 선수들은 버스에서 모두 내렸다. 손흥민의 사진을 찍어서 곧바로 SNS에 업로드했다. 이제 본격적으로 취재가 시작됐다. 훈련 전 인터뷰 주인공은 이재성과 권창훈, 손준호였다. 이 얼마만의 인터뷰인가! 특히 이재성과 권창훈은 늘 분데스리가에서만 보다가 대표팀 훈련복을 입은 모습으로 만나 더 반가웠다. 오랜만에 영상과 사진을 찍자 감회도 남달랐다. 취재진이 두 명뿐이라 원하는 질문을 충분히 던질 수 있었다. 가장 궁금한 건 단연 호텔 내 생활이었다. 외부인 접촉을 최소화하기 위해 선수단은 호텔 밖으로 나가지 못한다. 훈련과 경기를 제외하면 시간이 꽤 많이 남는데 그 안에서 선수들끼

오랜만에 본 손흥민

리 무엇을 하며 시간을 보낼지 궁금했다. 인터뷰이 3인은 입을 모아 '마피아 게임'을 말했다. 나이스. 재밌는 기사 하나 나오겠다며 나는 내적 댄스를 췄다. 게임을 제일 못하는 선수는 심지어 권창훈이라고 했다. 이런 TMI는 늘 반갑다.

하하호호 웃는 그때까지는 알지 못했다. 그날 밤 어떤 일이 닥칠지.

> ▶
> ▶

코로나19 공포가
시작됐다

　　벤투호의 마피아 게임은 포털 사이트 스포츠 메인 화면을 밝혔다. 우려 섞인 기사들 틈에서 팬들이 유일하게 웃음을 지을 만한 내용이었다. 다 큰 성인 남성들이 옹기종기 모여 앉아서 마피아 게임을 한다고 생각하니 나도 웃음이 새어 나왔다.

　　취재 2일 차에 접어들었다. 다음 날은 멕시코전이었다. 멕시코전이 끝난 후 결과에 상관없이 손흥민을 인터뷰할 예정이었다. 특별한 이유가 없어도, 손흥민이니까. 그에게 어떤 질문을 할지 저녁 내내 고민했다. 손흥민은 늘 교과서적인 대답을 하기에 나름대로 시뮬레이션도 돌렸다. 조금이라도 색다른 이야기를 이끌어내기 위해 필요한 과정이었다. 그때 협회에서 긴급 문자가 도착했다. 권창훈, 조현우, 황인범, 이동준 및 스태프 1명의 코로나19 양성 판정.

오. 마이. 갓.

경기 이틀 전인 12일에 받은 PCR 테스트 결과였다. 내가 빈에 도착한 날이다. 심지어 권창훈과는 인터뷰도 진행했다. 설마 내가 독일에서 걸려서 온 건가? 내가 전파시켰나? 아니면 나도 밀접 접촉자로 분류가 되는 건가? 분명 다들 오스트리아 출발 전에 음성을 받았는데 대체 어디서 걸린 거지? 온갖 생각이 꼬리에 꼬리를 물고 내 머릿속을 마구 헤집고 다녔다. 그야말로 패닉이었다. 이렇게 코로나19 공포를 가까이에서 겪은 건 처음이었다. 호텔 밖으로 나간 적 없는 선수들이 대체 어디서 걸려온 것일까. 그 안에서 매일 저녁 모여 마피아 게임을 했다면 확진자가 더 나오는 건 시간문제 아닌가. 아, 마피아 게임. 즐겁게 썼던 그 기사가 처음으로 원망스러운 순간이었다. 그게 비난의 화살이 되어 선수들에게 꽂힐까 두려웠다. 대표팀을 향한 잣대는 유난히 날카로우니까.

그렇게 두려움과 걱정으로 점철된 밤을 보냈다. 한국에 있는 기자 선배들에게서 괜찮으냐는 연락을 정말 많이 받았다. 걱정에 휩싸여 떨고 있을 나를 잘 아는 선배들이었다. 아무 일 없을 거라고, 그 기사도 욕먹을 일 없을 테니 걱정하지 말라고, 내일 오전에 PCR 테스트 잘 받고 오라고. 선배들은 나를 어떻게든 안심시켰다. 시차도 안 맞는 한국에서 그렇게 많은 연락이 올 줄이야. 선배

들과 카톡을 주고받는 동안 포털 사이트 메인은 '벤투호 초비상'
으로 뒤덮이고 있었다.

　　다음 날 오전, 함께 취재했던 기자 선배와 함께 선수들이 머
무는 숙소인 래디슨 블루 로열 호텔로 갔다. 선수단의 감염 경로
를 찾을 수는 없지만 다양한 추측은 가능했다. 호텔에서 방역이
정말로 철저하게 이뤄지고 있는지 궁금했다. 호텔에 도착해 사진
을 몇 장 남기고, 리셉션에 있는 직원에게 갔다. 한국에서 온 저널
리스트라고 밝힌 후 일주일 전부터 한 층을 통째로 사용 중인 한
국 국가대표팀 방역은 어떻게 이뤄지고 있는지, 그들이 식당을 다
녀갈 때 혹은 훈련장에 가기 위해 호텔을 나설 때 타인과 접촉은

선수들이 묵었던 호텔 풍경

멀리서만 봐야 했던 대표팀

어느 정도까지인지 등을 물었다. 처음에는 알려줄 수 없다고 하더니 선수단이 자리를 비웠을 때 직원들이 마스크와 장갑을 끼고 청소를 한다는 이야기를 해줬다. 밀폐된 공간일 경우 바이러스가 남을 수 있지만 보통 청소를 할 때는 창문을 열고 하기에 이 경로로 바이러스가 침투하긴 어려웠다. 어쨌든, 덕분에 유의미한 기사를 쓸 수 있었다.

멕시코전 당일. 오전에 나상호와 김문환이 추가 양성 판정을 받았다. 다행히 경기 출전 인원 19명은 보장이 돼 경기는 예정대로 진행됐다. 방역은 더 철저해졌다. 인터뷰는 당연히 전면 취소였다. 여기까지 와서 인터뷰를 못 하다니. 아쉬움이 너무 컸다. 대표팀 미디어 담당자를 통해 질문을 전달해서 답변이 담긴 음성 파일을 받는 형식으로 진행이 됐다. 벤투 감독의 기자회견도, 경기 후 믹스트 존도 그렇게 이뤄졌다.

계속 긴장감을 놓을 수 없는 나날이 이어졌다. 기사뿐만 아니라 영상도 타격이 컸다. 선수단이 버스에서 내리는 모습을 카메라로 가까이 담을 수도 없었다. 훈련장에 도착해 몸을 푸는 모습도 멀찍이서 찍어야 했다. 영상 속 선수들은 누가 누군지도 분간이 안 갈 정도로 크기가 작았다. 한국에 있는 영상팀에서는 계속 아쉬워했지만 그게 최선이었다. 나 역시 답답하고 속상했다. 오랜만에 소집된 대표팀을 이렇게밖에 다룰 수 없는 현실이 안타까웠다. 빈까지 와서 현장보다 호텔 방 안에 머무는 시간이 훨씬 많아지다니.

숙소 안에서 기사를 쓰고 영상을 정리해서 한국으로 보내고 나면 남는 시간이 너무 많았다. 훈련도 더 가까이서 취재해야 하고, 협회 관계자를 만나 악조건 속에서도 유럽 원정을 강행한 후기를 들어야 하고, 손흥민도 인터뷰해야 하는데 내가 할 수 있는 건 더는 확진자가 나오지 않길 바라며 우두커니 방 안에 앉아 있는 일뿐이었다. 그러다 보니 당연히 생각도 많아졌다. '여기까지 와서 내가 지금 뭘 하고 있는 거지? 이게 최선인가? 그럼에도 내가 할 수 있는 게 많을 텐데 안 하고 있는 건가? 뭘 할 수 있을까? 왜 생각이 나지 않을까? 나… 제대로 하고 있는 게 맞나?'

경기 전 기도하는 손흥민

아쉬움과 자책이 뒤섞인 채로 하루하루가 흘렀다. 카타르전을 앞두고 스태프 1명이 추가 확진을 받았다. 선수단은 전원 음성이어서 카타르전까지 무사히 끝이 났다. 그때부터는 선수단의 복귀 일정 챙기기에 바빠졌다. 토트넘은 손흥민을 위해 전용기를 띄웠다. 양성 판정을 받은 권창훈은 일찍이 프라이부르크로 복귀했다. 육로로 이동이 불가능한 K리그 선수들은 호텔에서 며칠 더 격리한 후 복귀하기로 했다. 정신없이 선수단 복귀 일정을 정리하고 나도 드디어 뮌헨으로 가는 기차에 탔다. 어제까지만 해도 아쉬움이 진하게 남을 줄 알았는데, 막상 집에 가는 기차를 타니 안심이 됐다. 끝이다! 하는 안도감과 함께 졸음이 마구 쏟아졌다.

그때 다시 한번 협회의 긴급 문자가 왔다. 황희찬 추가 확진.

바로 노트북을 펼쳐서 기사로 처리할까 고민했지만, 머리가 지끈거리고 아파왔다. 한국에 있는 동료에게 맡긴 후 핸드폰을 가방 속 깊숙이 넣었다. 아, 몰라. 나는 퇴근이다.

PART

3

축구장
밖에서
생긴 일

나는 그렇게 또 마음먹은 일을 해냈다.

이전에는 알지 못했던 선수들만의 고충을 이해해서 좋고,

어디에서도 공개되지 않은 이야기를

가장 먼저 접해서 영광이다.

축구는 참, 많은 걸 가능하게 해준 고마운 존재다.

▶

▶

바이에른 vs BVB
취재 뚫은 비결

스페인에 엘클라시코가 있다면 독일에는 '도이체 클라시코Deutsche Classico'가 있다. 한국 팬들에게는 '데어 클라시커Der Klassier'로 익숙한 그 맞대결, 바이에른 뮌헨과 도르트문트의 라이벌전이다. 전통적인 라이벌 관계는 아니지만 최근 분데스리가를 이끄는 쌍두마차이기에 그들의 맞대결은 치열하고 뜨겁다. 2012-13 UCL 결승전이 이 더비를 세계적으로 만들었다. 독일의 두 팀이 웸블리 스타디움에서 빅이어를 두고 경쟁하는 진풍경이 연출됐다.

경기 위상이 높은 만큼 취재 열기도 대단하다. 보통 경기 취재 신청은 일주일에서 열흘 전부터 받지만, 이 경기는 2주 전부터 받았다. 나도 취재 신청란이 열리자마자 빠르게 신청했다. 며칠이

지나고 결과 메일이 왔다. 큰 기대도 안 했지만, 막상 떨어지니 속상했다. 독일 전역에서 이 경기를 위해 모여들 텐데, 한국에서 온 저널리스트를 받아줄 리 없었다.

다음 날 타우피히와 점심 약속이 있어 나갔다. 타우피히는 자신이 평창 올림픽을 취재할 때 한국 동료들의 도움을 많이 받아서, 그 은혜를 꼭 보답하고 싶었다며 나를 많이 도와주곤 했다. 믹스트 존에서 선수들을 인터뷰할 때 지켜야 할 매너나 인터뷰 팁들을 공유해 주었다. 다른 동료들을 소개해주고, 현지 기자가 아니면 알기 힘든 고급 정보들도 많이 알려줬다. 예를 들어 하비 마르티네스가 이미 바이에른에서 마음이 떴다거나, 레반도프스키가 아무리 레알 마드리드에 가고 싶어 해도 울리 회네스는 꿈쩍도 안한다거나. 그 덕분에 조금 더 다채로운 바이에른 기사를 쓸 수 있었다. 이날 점심 약속은, 그간의 고마움을 대접하기 위해서였다.

우리는 마리엔플라츠Marienplatz에 있는 카페 겸 레스토랑 글로켄슈필Cafe Glockenspiel에서 만났다. 식사를 하며 이런저런 대화를 나누다가 타우피히가 나에게 도르트문트전 취재 신청에 성공했는지 물었다. 나는 자동 반사적으로 울상을 지으며, 아쉽게도 취재증을 받지 못했다고 했다. 그는 말도 안 된다고 하면서, 이런 멋진 경기를 한국 팬들에게 생생하게 알릴 기회인데 마케팅팀이 판단을 잘못 내린 거라고 황당해했다. 곧 "안 되겠어. 내가 얘기해

볼게"라더니 어딘가로 전화를 걸었다. 바이에른 미디어 담당자에게 전화를 거는 것 같았다. 하긴, 바이에른만 20년 가까이 취재를 했으니 미디어 담당자와 스스럼없이 연락하는 사이가 됐겠다 싶었다. 그런 그의 모습을 보고 있자니 K리그에서 취재하던 시절이 생각났다. 불과 몇 개월 전만 해도 나도 구단 담당자와 편하게 연락을 주고받으며 지냈었는데. 새삼 모국어로 일을 할 수 있는 게 얼마나 큰 이점인지 깨달았다.

타우피히는 미디어 담당자에게 내 이름을 대면서, 바이에른을 취재하기 위해 한국에서 온 기자인데 이런 경기는 반드시 취재할 수 있게 해야 한다고 말했다. 100% 다 알아듣지는 못했지만, 대화는 긍정적으로 흐르는 듯했다. 전화를 끊은 후 타우피히는 내게 메일 주소를 하나 적어줬다. 여기로 메일을 보내면 취재증을 보내줄 거라는 말과 함께.

그렇게 또다시 도움을 받았다.

기분 좋은 만남을 뒤로하고 집으로 달려가 바로 메일을 보냈다. 보낸 지 1시간도 채 지나지 않아 취재증이 날아왔다. 원리 원칙을 고수하는 나라로 알려진 독일이지만, 사람 사는 곳은 다 똑같다. 이렇게 나는 '인맥'으로 바이에른과 도르트문트의 빅 이벤트 경기 취재를 뚫었다. 그 경기는 레반도프스키가 해트트릭을 터뜨린 바이에른이 6-0으로 끝내주는 승리를 거뒀다. 도르트문트는 정말 아무것도 못 했다. 한편으로는 홈팀의 승리가 가져오는 분위기가 좋았고, 다른 한편으로는 이인자라는 도르트문트가 이렇게 힘없이 무너져 안타까웠다. 바이에른의 독주를 막을 유일한 팀인데. 보통 기사 제목을 10분 이상 고민하는 편인데, 이날은 1분도 채 되지 않아서 바로 떠올랐다.

'그곳에 데어 클라시커는 없었다'

바이에른은 이 경기를 통해 앞으로도 독주를 이어 나갈 것을 경고했다. 타우피히 덕분에 좋은 구경했다.

▶

▶

이재송이 아니라
이재성인데…

홀슈타인 킬이 이재성을 영입하자마자 나는 인스타그램을 켰다. 킬의 공식 계정을 팔로우하기 위해서였다. 이미 이재성을 환영하는 게시글이 올라와 있었다. 기분 좋게 읽는데, 이름에 오타가 보였다. 'Jae Song Lee'라고 적혀 있었다. 어쩌다 '재송리'가 된 거지? 공식 계정에서 그렇게 쓰니, 현지 언론사들도 그대로 '재송리'로 옮겨 적었다.

이재성의 첫 연습 경기를 취재하러 이즈마닝에 갔다. 나는 킬에서 온 취재진과 구단 관계자에게 존재감을 알렸다. 한국에서 온 기자이고, 앞으로 이재성을 취재하러 킬에 자주 갈 예정이라고 반갑게 인사를 나눴다. 연습 경기이지만 나름 장내 아나운서도 있었다. 다행이란 생각이 들었다. 여기서 내가 아는 선수는 이재성

밖에 없는데, 최소한 교체 선수나 득점자 정보는 실시간으로 받을 수 있었으니 말이다.

〈슈포르트부저Sportbuzzer〉 소속이라고 자신을 소개한 한 기자가 유난히 나에게 친근하게 대했다. 킬에서 이재성은 독보적인 커리어를 갖고 있는 '스타'이니, 나도 현지 기자들에게 아주 좋은 정보원으로 보였을 거다. 〈슈포르트부저〉의 기자는 이재성이 한국에서 인기가 어느 정도인지, 전북현대에 있을 때 영향력은 어느 정도였는지 등을 내게 물었다. 한국에서 전북 담당이 아니었기에 내가 줄 수 있는 정보는 많지 않았다. K리그에서 전북의 위상이나, 이재성이 어떤 성향의 선수인지 정도를 설명했다. 그러더니 다른 소속 기자가 내게 재밌는 요청을 했다. "Jae Song Lee를 한국식으로 읽어봐 줄래?"

독일에서 J발음은 Y다. Jae는 '재'가 아닌 '예'로 읽힌다. 나는 그 점을 설명하면서 한국에서는 '재성'으로 읽는다고 했다. Song은 구단에서 낸 오타이고, Sung이 맞다고 설명해줬다. 그 설명을 들은 이가 전부 눈을 동그랗게 떴다. 다들 틀린 이름으로 기사를 썼단다. 이 청천벽력(?) 같은 소식을 들은 구단 관계자가 내게 오더니 "우리가 그의 신분증을 확인하고 쓴 건데 아마 글씨가 흐릿해서 잘못 본 것 같다"라며 귀여운 변명을 했다. 멀찍이 스탠드에 앉아 있던 장내 아나운서도 이야기를 전달받았는지 헐레벌떡 내게 뛰어왔다. 명단 시트를 내게 보여주면서 확인을 요청했다. 아

이재송이 될 뻔한 이재성

니나 다를까 거기에도 재송리라 적혀 있었다. "그러니까, 재송리가 아니라 재성리라는 거지?"라며 재차 물었다. 나는 스펠링을 하나하나 불러주며 정정해줬다. '예성'이 아닌 '재성'이라고 강조하면서.

'재송리' 소동이 한바탕 벌어진 후 구단 인스타그램에 들어가보니 이름이 제대로 바뀌어 있었다. 꼼꼼한 독일이 이런 실수도 하는구나. 이름 팩트 체크까지는 생각이 미처 닿지 않았나 보다. 그날 킬이 이즈마닝에 와서, 내가 이즈마닝으로 취재를 가서 참 다행이었다.

이재성이 제 이름을 되찾은 데는 내 공이 나름(!) 크다고 자부한다.

▶
▶

홍민손?
호잉민손!

　　프랑스인들은 자국어에 대한 자부심이 대단하다. 그만큼 영어 사용을 꺼린다. 심지어 여행객들도 프랑스어로만 상대하고, 영어는 못 알아듣는 척하는 경우도 종종 있다. 넷플릭스 인기 시리즈 〈에밀리, 파리에 가다〉에서도 그런 류의 장면들이 등장한다. 에밀리가 프랑스 회사에서 프랑스어를 못해 상사에게 구박받는 장면이 대표적이다.

　　프랑스만 그런 줄 알았지? 독일도 만만치 않다. 독일어 자부심이 엄청나다. 웬만한 외국 영화에는 독일어 더빙을 씌우고, 영어 고유명사도 굳이 독일어로 바꾸는 경우가 많다. 한 가지 일화가 생각났다. 스포츠 뉴스를 보고 있는데 방송기자가 계속 '알테 다멘Alte Damen'이라는 단어를 썼다. 나이 든 여성이나 할머니를 뜻하는 단어인데, 도저히 맥락상 해석이 불가능했다. 왜 자꾸 나이 든 여성을 조심해야 한다는 거지?

한참 후 등장한 유벤투스 로고. 맙소사. 유벤투스의 별칭인 '올드 레이디Old Lady'를 굳이! 독일어로 바꾼 거였다. 이탈리아에서는 그 나라 언어로 쓰이겠지만 세계적으로는 '올드 레이디'로 통한다. 고유명사와도 같은 '올드 레이디'마저 독일어로 바꿔서 쓰는 독일 사람들을 보면서 독일어에 대한 자긍심이 얼마나 큰지 제대로 느꼈다. 앞서 설명한 '재성'을 '예성'으로 읽는 것도 비슷한 경우였다. 일단 독일식 발음으로 던지고 본다.

그런데 손흥민 이름마저 바꿔버릴 줄은 몰랐다.

취재차 킬로 향하던 중이었다. 함부르크 공항에서 내려 기차를 타고 이동했다. 보훔과 킬의 맞대결이 있어서, 기차 안은 보훔의 팬들로 가득 찼다. 맥주짝을 든 무리가 곳곳에 앉아 맥주를 마시고 노래를 부르며 경기를 미리 만끽하기 시작했다. 새벽부터 비행기를 타고 온 나는 머리가 아파서 귀에 이어폰을 꽂고 애꿎은 노트북만 두드리고 있었다. 그러다 내 옆에 앉은 청년이 나를 툭툭 치더니 맥주 하나를 건넸다. 잠깐 고민했지만 "고마운데 나는 괜찮아"라고 거절했다. 그 청년은 "우리가 좀 시끄럽지? 축구장 가는 중이라서 그래"라고 말했다. 보기 드문 매너였다. 괜찮다고,

나도 축구 보러 가는 길이라고 하자 맞은편 좌석에 있던 그 청년 무리가 갑자기 내게 집중했다. "너도 축구를 보러 간다고?"

홍미로울 수밖에. 웬 동양인 여자가 지루하게 생긴 갈색 가방을 들고 노트북을 두드리다가 축구장에 간다고 하니 말이다. 그들은 내게 어디에서 왔는지, 어느 팀을 응원하는지 등을 바쁘게 물어보기 시작했다. 나는 한국에서 온 기자이고 각 팀에서 뛰는 이재성과 이청용을 보러 간다고 했다. 그러자 반가운 이름이 무리 중 한 명의 입에서 등장했다. "붐근 차!"

예상치도 못한 타이밍에 차범근의 이름을 들으니 새삼 놀라웠다. 한국에 있을 때는 차범근의 위상이 어느 정도인지 감이 잘 잡히지 않았다. 독일 축구 팬들이 차범근을 여전히 기억한다는 각종 유튜브 영상을 보고도 '사전에 이야기를 나눴겠지, 어쩌다 한 명이 알고 있는 거겠지' 하면서 쉽게 믿지 않았다. 내 생각이 틀렸다는 게 킬로 향하는 기차 안에서 증명됐다. 나와 나이가 비슷해 보이는 청년의 입에서 차범근의 이름이 나오다니. 그뿐만이 아니었다. 차범근의 아들 차두리의 프로필까지 읊기 시작했다. 차 부자가 각각 어디에서 뛰었고, 활약상이 어땠는지 나에게 설명했다. 한국인에게 한국 선수의 위상에 관해 설명하는 독일인들이라니. 상황이 신기해서 고개를 끄덕이며 계속 듣고만 있었다. 이야기의 흐름은 현역 선수로 넘어왔다. 킬에서 이재성이 너무 잘한다고 하더니 "하지만 우리에겐 'Blauer Drache'가 있지!"라며 다 같이 맥주캔을 부딪혔다. 이청용의 별명 '블루 드래곤'을 그새 독일어로 바꾼 것이었다. '알테 다멘'으로 이미 한 번 당한(?) 터라 그리 놀랍지 않았다. 내가 이청용 별명을 어떻게 알았는지 물었더니 이미 사전 조사를 다 끝냈다고 뿌듯해한다. 함부르크에서 1년 동안 뛰었던 황희찬이 인상적이었다고 하더니, 다름슈타트로 이적한 지 얼마 안 된 선수 있지 않느냐며 백승호를 언급하고, 바이에른 2군에서 뛰는 정우영까지 알고 있어서 깜짝 놀랐다. 이 친구들, 축구에 진심이구나?

나는 그들에게 슬쩍 던졌다. "제일 중요한 이름이 안 나오네. 손흥민도 있잖아."

갑자기 다들 어리둥절한 표정을 짓더니, 그가 누구냐고 되물었다. '정우영을 아는데 손흥민을 모른다고?' 예상치 못한 반응이었다. 내가 "쏜!"이라고 강조해도 "누구지?"라고 알쏭달쏭해했다. 이럴 리가 없는데. 나는 어떻게 설명해야 할지 생각했다. 함부르크와 레버쿠젠에서 뛰었고 지금은 토트넘 주전이라며 구구절절 말하기에는 왠지 모르게 자존심이 상했고, 해리 케인이랑 같이 뛴다고 하기에는 구차해 보였다. 그때 손흥민의 이름이 독일에서 다르게 불릴 수도 있겠다는 생각이 번뜩 들었다. 혹시나 하는 마음에 조심스레 말했다. "음… 호잉민 손?"

"아, 호잉민 손! 당연히 알지!"

설마 했는데 진짜였다. 그들에게는 손흥민마저 독일식 발음

호잉…민?

이 익숙했다.

내가 졌다, 졌어.

Heung에서 eu는 독일에서 '오이'로 발음한다. 유로파 리그 Europa League도 독일에서는 오이로파 리그로 불린다. 그래서 손흥민도 손호잉민이 됐다. 이제 축구 팬이라면 누구나 다 아는 프리미어리그의 스타인데 호잉민을 좀 놓아줄 때도 되지 않았나. 여전히 독일에서는 차범근이 아닌 차'붐'근인 걸 보니 아마 손흥민이 제 이름을 찾기에는 늦은 것 같다.

▶
▶

보아텡이
이 시간에
여긴 어쩐 일로

　　뮌헨에 살다 보면 바이에른 선수들을 뜻밖의 장소에서 마주치곤 한다. 마리엔플라츠의 한 쇼핑센터 앞에 서 있던 르로이 사네, 공원에서 조깅하던 킹슬리 코망, 아내와 브런치를 즐기던 레반도프스키까지. 공인이지만 모자나 마스크 없이 편하게 시내를 활보하는 이들을 보면 신기하다. 선수들의 프라이버시를 위해 사람들도 사진이나 사인을 요청하지 않는다. 그런 분위기 덕에 선수들이 편히 일상의 자유를 누리는 게 아닐까.

　　그래도 성가실 때가 있긴 하겠다. 기자들을 마주쳤을 때다. 2018-19시즌이 끝난 후 제롬 보아텡의 입지는 확 줄어들었다. 우승 파티에도 불참하고, 7월 중순에 열린 미국 투어에서도 홀로 중간에 뮌헨으로 복귀하는 등 팀에 대한 불만을 대놓고 드러냈다.

파바르, 에르난데스 등 출중한 수비수가 바이에른에 합류하면서 보아텡의 확고했던 주전 자리가 흔들린 탓이 컸다. 여기에 코바치 사단과 커뮤니케이션 문제도 있었다. 보아텡이 바이에른을 당장 떠나도 이상할 것 없는 분위기가 이어졌다.

나는 그런 시기에 놓여 있던 보아텡을 한 카페에서 마주쳤다. 어느 평일 오후, 타우피히와 함께 뮌히너 프라이하이트 Münchner Freiheit 역 근처에 있던 오캄델리Occam Deli 라는 카페에서 브런치를 먹기로 했다. 내가 먼저 도착해서 자리를 잡고 있는데, 곧 키가 큰 남자 두 명이 휘적거리며 들어왔다. 자연스레 시선이 그쪽으로 향했다. 금목걸이에 팔찌를 주렁주렁 달고 있는, 누가 봐도 '힙 간지'가 철철 넘치는 옷차림의 남자가 눈에 띄었다. 어디서 많이 봤는데… 라고 생각한 지 2초 만에 누군지 알아봤다. 보아텡이었다. 보아텡과 그의 에이전트가 함께 카페에 들어온 것이다. 뒤를 이어 타우피히도 들어왔다. 보아텡이 내 얼굴은 몰라도 타우피히는 안다. 다행히 그는 타우피히 얼굴을 보지 못했다. 우리는 반갑게 인사를 나누고 식사 메뉴를 정했다. 타우피히와 대화를 나누고 있었지만 귀는 보아텡 자리를 향해 열려 있었다. 지금 보아텡 상황이 상황이니 만큼 그들의 대화 내용이 너무 궁금했다.

그때 타우피히와의 대화 주제도 하필 보아텡으로 넘어왔다. 목소리를 낮추면서 "사실 네 뒤에 보아텡이랑 그의 에이전트가 앉아 있어"라고 말했다. 두 눈을 한 번 크게 뜨며 놀란 타우피히가 슬쩍 뒤를 돌아봤다. 그러더니 곧 "지금 바이에른 팀 훈련 시간인데, 보아텡은 저기서 뭘 하는 걸까? 이상하지?"라고 낮게 깐 목소리로 말했다. 소오름! 생각해보니 지금은 공식 훈련 시간이었다. 보아텡은 훈련에 참여하지 않고 에이전트와 '모두가 예상 가능한' 그런 주제의 대화를 나누고 있었다. '팀에 양해는 구하고 나온 걸까? 무단 불참일까?' 각종 궁금증이 머릿속을 떠나지 않았다. 타우피히가 화장실에 다녀오면서 보아텡과 가볍게 인사를 나눴다. 보아텡은 곧 나를 다시 한번 쳐다봤다. 나도 덩달아 눈인사를 나눴다.

그날 집에 돌아와 얼른 이날을 기록했다. 두고두고 기사에 쓸 만한 이야기였다. 보아텡의 팀 내 불화 기사를 쓸 때 남들과 다른 한 줄을 덧붙일 수 있어 기뻤다. 이런 걸 보면 기자는 참 단순하다. 독자들에게는 그저 다 똑같은 기사처럼 보일 텐데, 나만 아는 이야기를 한 줄 더 쓰는 게 얼마나 보람차고 특별한 일인지 모른다. 오캄델리에서 브런치하기를 정말 잘했다.

▶

▶

독일 취재진의
'지역뽕'에 취한다

"라이프치히 입단 후 한국의 반응은
어때? 길에서 사람들이 보면 축하해줘?"

황희찬은 당황했다. 2020년 8월, 그의 라이프치히 입단 기자
회견에서 한 독일 기자가 던진 질문이었다. 라이프치히 자부심이
가득 들어간 질문에 겸손이 몸에 밴 황희찬은 얼버무리다가, 웃
으며 이렇게 말했다. "그 질문에 대한 대답은 저기 있는 재은이 더
잘할 수 있을 것 같다."

'네?'

그의 말을 받아 적을 준비를 하고 있다가 일시 정지했다. 아,
내게 책임을 돌리다니! 속으로 '얄미워'를 열 번 정도 반복했다.
어떻게 대답해야 하지? 길게 생각할 틈이 나에게는 주어지지 않

았다. 결국 이렇게 말했다. "반응은 좋다. 라이프치히는 지난 시즌 챔피언스리그 4강에 가며 강팀 반열에 올랐으니까."

너무 솔직했나. 아마 독일 취재진은 내 대답이 마음에 들지 않았을 거다. 그들에게 라이프치히는 챔피언스리그 4강이나 16강에 오르지 않아도 '강팀'일 테니까. 안타깝게도 한국에서 분데스리가는 바이에른과 도르트문트 선에서 끝난다. 라이프치히는 그나마 거대 자본인 레드불과 젊은 율리안 나겔스만 감독 덕에 이름을 알린 정도다.

나는 이렇게 독일 취재진의 질문에서 묻어 나오는 지역팀(담당 구단)을 향한 자부심과 애정을 '지역뽕'이라 정의한다. '국뽕'과 결이 비슷한 느낌이다. 서울에 살면서 전주, 부산, 수원, 제주도까지 출장 다니는 한국 취재 환경과 달리 독일은 지역별로 해당 지역 축구팀의 담당 기자가 있다. 독일이 워낙 커서 우리나라처럼 잦은 출장이 불가능하기 때문이다. 뮌헨을 예로 들면, 바이에른 담당 기자들 대부분은 이 지역에서 나고 자랐다. 개중 또 대부분은 바이에른의 오랜 팬이다. 축구가 문화로 자리 잡은 독일에서는 흔한 일이다. 그러니 내 지역팀에 대한 자부심이 얼마나 클까. 더군다나 축구 좀 하기로 유명한 외국인 선수가 '우리 팀'으로 이적한다면 당연히 그의 생각이 궁금할 수밖에 없다.

엘링 홀란드가 도르트문트에 입단할 때도 도르트문트 담당 취재진은 너나 할 것 없이 자부심 가득한 질문을 던졌다. "평소 도르트문트 축구를 봤나?", "도르트문트의 환상적인 홈구장에 대해 어떻게 생각해?", "마르코 로이스, 제이든 산초 등 세계적인 선수들을 보니 어때?" 등등. 마지막 질문에는 "다 환상적이다. '모든' 선수와 뛸 수 있어 기쁘다"라고 대답하는 재치 있는(혹은 눈치 없는) 홀란드를 보면서 웃음이 났다.

킬 지역지 기자는 심지어 이재성에게 "이제 이곳이 너의 제 2의 고향 같니?"라고도 물었다. 이재성은 킬에서 뛰는 내내 이런 질문을 수도 없이 받았다. 지역 라이벌 함부르크가 이재성에게 관심을 보이자, 킬 담당 취재진은 "다른 곳에 다 가도 좋으니 제발 함부르크만은 안 갔으면 좋겠다"는 바람까지 대놓고 드러냈다. 또 다른 일화가 생각났다. 백승호가 지난해 다름슈타트로 이적한 후 약 20분 동안 현지 취재진과 소박하게 미디어 데이를 가졌다. 바르셀로나부터 군대까지, 다양한 주제의 이야기를 나눴다. 기사 타이틀을 예상하기는 쉬웠다. 가장 시선을 끌기 좋은 키워드, 바르셀로나일 게 뻔했다. '바르셀로나 출신' 백승호가 커다란 글씨로 쓰여 있을 거로 생각했다.

다음 날 올라온 지역지 기사의 첫 줄은 이랬다. '조용하고, 평화로운 다름슈타트가 마음에 든 백승호.'

팀에 대한 애정이나 지역 자부심을 함부로 드러내서는 안 되는 국내 축구 현장의 분위기와 분데스리가 취재 현장은 전혀 딴판이었다. 처음에는 '어떻게 저런 질문을?!' 하며 화들짝 놀랐는데 이제는 좀 익숙해졌다. 나도 그들의 '지역뽕'에 취했나 보다. 무엇보다 나는 지역 애정이 아주 대단한(!) 뮌헨에 살고 있어 적응이 수월했다. 이 글을 쓰다 보니 황희찬의 입단 기자회견이 조금 후회가 남는다. 그때로 시간을 돌릴 수 있다면 이렇게 대답해주고 싶다. "현대 예술을 이끄는 라이프치히는 한국에서도 사랑받는 도시다. 분데스리가에 등장한 이후 새로운 바람을 불어넣은 라이프치히 역시 황희찬의 이적으로 많은 관심을 받고 있다."

음… 너무 갔나?

▶

▶

정우영이
킬에 간다니?

외신은 인기가 좋다. 손흥민을 주제로 쓴 외신을 인용하면 늘 좋은 평가(높은 클릭수)를 받는다. 손흥민을 누구보다 잘 아는 건 우리라는 걸 알면서도 외신 기자의 평가가 그 가치를 더 인정받는다. 손흥민을 현장에서 목격했는지 여부는 그다지 중요하지 않다. 영국, 독일, 스페인, 프랑스 등 축구 강국 기자들이 쓴 기사는 늘 좋은 '취재거리'다.

나도 크게 다르지 않다. 분데스리가 현장을 다니며 독일에서 뛰는 우리 선수들을 바라보는 현지 취재진의 생각이 궁금했다. 자주 그들에게 묻고 그들의 평가를 빌려서 기사를 썼다. 내가 보지 못한 부분들을 발견해내는 그들만의 역량과 시야에 놀라기도 했다. 잦은 소통 덕분에 자연스레 현지 취재진과 좋은 관계를 쌓았다. 나 역시 그들의 기사에 등장하는 취재원이 되기도 했다. 그들에게는 '한국에서 온 기자'가 유용한 취재거리였을 테니까.

교류가 잦아지면서 재밌는 상황을 겪었다. 세계적인 축구 전문 이적 웹사이트 〈트랜스퍼마르크트Transfermarkt〉의 한 에디터와 친해졌는데, 마침 아시아 축구를 담당하는 사람이었다. 그는 MLS 전문가이기도 했다. 밴쿠버 화이트캡스에서 뛰었던 황인범도 당연히 잘 알고 있었다. 그에게 종종 황인범의 소식을 전해 들었다.

지난해 여름 황인범이 독일행을 추진하면서 밴쿠버가 그의 대체자로 한국의 윙어에게 관심을 보인다는 소식이 들려왔다. 〈트랜스퍼마르크트〉의 에디터는 내게 혹시 그 윙어가 누군지 아느냐고 물었다. 선배 기자들의 도움을 받아 제주유나이티드의 안현범이라는 정보를 알아내 공유했다. 내가 그의 이름을 말해주기가 무섭게 그 에디터는 〈트랜스퍼마르크트〉에 정보를 빠르게 업데이트했다.

곧 해당 정보를 인용한 기사가 국내 언론에서 쏟아지기 시작했다. 한국에서 얻은 소스로 쓴 정보가 다시 한국 언론에서 공유되다니. 문득 그런 생각이 들었다. 우리가 조금만 발품을 팔아서 취재하면 충분히 〈트랜스퍼마르크트〉의 인용 없이도 쓸 수 있는 소재였구나. 구글에 우리나라 선수 이름을 무한 검색하면서 외신이 써주길 기다릴 필요가 없구나.

이런 경우도 있었다. 2020년 여름 정우영의 에이전트가 어느 한국인 선수를 데리고 킬에 가서 테스트를 받았다는 정보를 얻었다. 테스트 정도는 에이전트의 능력에 따라 얼마든지 진행될 수 있는 일이니 크게 신경 쓰지 않았다. 그냥 킬이 이재성과 서영재를 경험하면서 한국 선수에게 호의적일 수는 있겠다고 혼자 생각하고 말았다.

나는 유난히 킬 지역지 〈킬러 나흐리히텐Kieler Nachrichten〉과 친해서 자주 정보를 공유했다. 어느 날 그곳 에디터가 내게 꽤 구체적인 정보를 줬다. 이재성의 집 계약이 곧 끝난다는 정보였다. 이재성이 이적을 준비하고 있는 신호라고 생각해 취재에 들어갔다. 내 생각이 맞았다. 그는 이미 유럽 곳곳에서 러브콜을 받고 있었다. 얼른 기사를 써냈다. 생각보다 기사에 대한 반응은 폭발적이었다. 기자로서 뿌듯한 순간 중 하나다. 〈킬러 나흐리히텐〉에서 내게 집 계약 정보를 주지 않았다면 불가능했을 거다. 고마운 마음에 내가 가진 얄팍한 정보를 공유했다. 정우영의 에이전트가 어느 한국인 선수를 데리고 킬에서 테스트를 봤다고.

그에게 '정우영'이라는 키워드가 꽂힌 모양이다. 해당 지역지에서는 킬에서 정우영 임대에 관심이 있고, 정우영 역시 킬 이적을 고려 중이라는 뉘앙스의 기사가 났다. 오보였다. 내가 급히 연락하자 받은 답변은 "어쩔 수 없었다"였다. 이쪽 생태계를 잘 이해하지 않느냐는 설명도 했다. 그건 맞지만…. 평소 국내에서도 이재성 때문에 자주 인용되던 매체였는데, 그때 신뢰감이 많이 떨

정우영은 프라이부르크에 갔다

어졌다. 부디 저 기사는 국내에서 인용하지 않기를 바랐지만 부질
없었다. 국내 매체에서 그걸 인용하고 말았다. 독자의 반응도 꽤
컸던 거로 기억한다. 각종 축구 유튜버들도 앞다퉈 영상으로 소
화했다. 아쉬움이 컸다. 국내에서 조금만 취재하면 충분히 알아낼
수 있는 정보였을 텐데. 이번 일이야말로 외신 맹신이 낳은 결과
였다. 물론 일차 잘못은 팩트를 부풀리다 못해 오보를 낸 지역지
에 있었지만.

백승호의 사례도 있다. 다름슈타트에서 백승호는 좋지 않은

상황에 처해 있었다. 짧게 요약하면 이렇다. 백승호는 어린 시절 한국에서 바르셀로나로 떠날 때 수원삼성의 은혜를 입었다. 수원은 백승호가 K리그로 갈 때 그 은혜에 보답하길 바랐지만, 그들은 서로에게 얽힌 문제를 원만하게 해결하지 못했다. 백승호의 전북현대 입단 소문이 퍼지며 수원은 분노했고, 백승호는 한동안 낙동강 오리알 신세에 놓였다.

그런 백승호에게 '배신자' 타이틀이 붙었다. 국내 언론에서 '배신자 백승호'라는 단어가 무섭게 쏟아졌다. 독일에서도 백승호는 '배신자'로 통한다고 말이다. 나는 의아했다. 독일 언론이 사실관계를 제대로 알고 있을 리 만무한데 이런 자극적인 단어로 백승호를 정의한다고? 출처를 따라가 보니 독일 축구 전문 매거진 〈키커〉에서 백승호를 'Verräter(배신자)'로 표현했다는 걸 찾아냈다. 〈키커〉의 위상을 고려하면 그러한 표현은 국내 언론에서 신뢰를 얻기에 충분했다.

나는 백승호 사건으로 다름슈타트 지역지 동료와 하루가 멀다 하고 연락했다. 다름슈타트 내에서 벌어지는 일들, 백승호에 대해 오가는 말들, 마르쿠스 안팡 감독의 기자회견 일정 등에 대해 그는 계속 내게 전달했다. 백승호에 대한 애정이 큰 기자였다. 나도 그가 얻기 힘든 국내에서의 반응 등을 알려줬다. 그러다 '배신자' 이야기가 나왔다. 나는 〈키커〉에서 배신자라는 워딩의 기사를 쓴 후 국내 언론에서도 무섭게 번졌다고 말했다. 그는 "〈키커〉

에서 그렇게 썼지만, 실제로 독일에서 백승호는 '배신자'로 여겨지지 않아. 그런 일에 큰 관심이 없거든"이라고 말했다. 나는 "한국에서는 〈키커〉 기사로 인해 백승호가 배신자로 낙인 찍혔어"라고 대답했다. 그는 "진짜 한국에서 배신자라고 했어? 그거 〈키커〉의 @@@가 썼는데, 한국 기사를 인용한 거라고 하던데?"

이건 또 무슨 소리야.

〈키커〉에서 백승호의 행보를 꾸준히 좇는 동료가 있었는데, 바로 그가 쓴 기사였다. 그의 말에 따르면 이렇다. 한국 매체에서 수원월드컵경기장에 걸린 '은혜를 아는 개가 배은망덕한 승호보다 낫다'라는 걸개를 기사로 썼는데, 해당 문장이 궁금해서 번역했더니 '배신자'라는 키워드가 눈에 띄었다고 한다. Verräter는 시선 끌기 좋은 키워드다. 그래서 'Verräter' 백승호가 제목으로 달린 기사가 나왔다. 국내 언론의 수많은 인용으로 인해 〈키커〉의 키워드 활용은 성공적으로 끝났다. 백승호는 '독일에서도 배신자로 통하는 선수'가 됐다. 정작 〈키커〉는 '우리도 한국 매체를 인용했을 뿐'이라며 당황스러운 눈치였다.

영국 언론, 독일 언론, 스페인 언론 타이틀이 붙으면 조회수가 훌쩍 뛰는 환경이다. 같은 소재를 다뤄도, 같은 말을 해도 국내보다 외신(특히 유럽)의 기사가 더 신빙성이 높아 보인다. 여기에 자극적인 키워드가 더해지면 더없이 좋은 소스로 통한다. 매체의 경중에는 아무런 관심이 없다. 그 결과 정우영과 킬이 엮이고, 백승호는 독일에서도 배신자로 통하는 선수가 됐으며, 화이트캡스의 안현범을 향한 관심이 〈트랜스퍼마르크트〉발 독점 정보가 됐다. 아마 지금도 국내 언론과 외신의 이런 보이지 않는 티키타카가 활발하게 이뤄지고 있을 거다.

▶
▶

구단과 에이전트
사이에서

유럽에서 취재하다 보면 불편한 순간이 많다. 그중 하나가 인터뷰 일정을 잡을 때다. 한국에서는 구단을 통해 인터뷰를 잡는 게 당연한 절차였다. 유럽에서는 조금 애매하다. 에이전트의 힘이 한국에서보다 더 커서 그런 것 같다. 해외 구단과 접촉해서 인터뷰 일정을 잡기보다는 한국인 에이전트를 통하는 루트가 더 '보편적'이다. 나는 이 루트가 의문이었다. 엄연히 구단 소속 선수인데, 구단이 모르는 인터뷰 일정을 잡는 게 불편했다. 무엇보다 내가 자주 방문해서 좋은 관계를 형성한 구단이라면 더욱 그랬다. 그래서 늘 인터뷰 일정을 잡을 때는 구단을 통했다. 무엇보다 독일과 오스트리아는 이런 절차에 엄격하다. 자신을 거치지 않은 선수의 미디어 활동을 달갑게 여기지 않는다. 아마 다른 유럽 리그도 그럴 것 같다.

　황희찬이 잘츠부르크에 있을 때 이야기다. 잘츠부르크의 경기를 취재하고 다음 날 훈련장에서 인터뷰하는 일정을 기획했다. 미디어 담당자와 연락해서 30분 인터뷰 일정을 잡았다. 원래 구단에서 20분까지만 허용하는데, 사진 찍을 시간도 필요해서 10분을 더 달라고 사정해 겨우 30분으로 늘렸다. 당시 잘츠부르크 위성 구단 리퍼링에는 김정민도 있었다. 리퍼링으로 간 지 얼마 안된 터라 아직 김정민은 나름 인기 있는 키워드였다. 나는 리퍼링에도 연락해 김정민 인터뷰까지 잡았다. 경기 취재에 인터뷰 두 개까지 엮인 중요한 출장길이 됐다.

　나는 몇 날 며칠 동안 두 선수의 인터뷰 질문지를 만들었다. 주어진 시간이 길지 않기에 짧은 시간에 최대한 다양하고, 색다른 이야기를 나눠야 했다. 영상과 사진도 찍어야 해서 다양한 상황 시뮬레이션을 돌리며 준비했다. 그리고 잘츠부르크로 갔다.

　경기 취재는 무난하게 끝났다. 다음 날이 됐다. 황희찬의 인터뷰는 잘츠부르크 훈련장에서, 김정민 인터뷰는 잘츠부르크의 유소년 아카데미에서 진행될 예정이었다. 가기 전에 스타벅스에 들러 다시 한번 인터뷰 준비를 했다. 그때 메일이 하나 도착했다. 한 줄짜리 짧은 메일에는 이렇게 적혀 있었다. '황희찬의 인터뷰는 진행하지 않는다. 황희찬에게도 전달했다'고. 심지어 영어로 쓰여 있었다. 오늘 아침까지 미디어 담당자와 연락을 주고받았는데 갑자기 안 된다니? 발신자를 자세히 보니 황희찬의 에이전트였다. 어떤 부가적인 설명도, 자신의 연락처도 없이 딱 이렇게만 왔다. 당황한 나는 한국에 있는 편집장께 연락을 드렸다. 다행히 편집장은 그의 연락처를 갖고 있었다. 편집장이 급히 그에게 전화를 했으나 휴대폰이 꺼져 있단다.

나는 얼른 미디어 담당자에게 전화를 걸었다. 자초지종을 설명하자 버럭 화를 냈다. 황희찬은 현재 우리 소속 선수인데 왜 한국 에이전트가 나서서 그러냐며, 자신들은 전달받은 내용이 없고, 인터뷰 여부 역시 잘츠부르크가 결정하니 오늘 인터뷰는 예정대로 진행한다고 말이다. 나는 황희찬이 에이전트에게 어떤 말을 들었을지 내심 걱정이 됐다. 그래도 일단 약속한 시간에 훈련장에 갔다. 미디어 담당자가 나를 맞이했다. 혹시 에이전트와 연락이 됐는지 물어봤더니, 자기들도 연락이 안 된다고 했다. 황희찬에게는 잘 설명했으니 인터뷰는 그대로 하면 된다고 나를 안심시켰다. 이런 경우는 처음이라 나도 모르게 긴장했나 보다.

곧 황희찬이 해맑은 얼굴로 인터뷰실에 들어왔다. 자기가 잘 얘기했단다. 그제야 마음이 놓였다. 인터뷰는 예정한 30분보다 더 길게 진행이 됐다. 담당자가 편의를 봐준 것 같다. 인터뷰도 잘 끝냈고, 영상도 만족스럽게 찍었다. 황희찬이 자신의 차로 유소년 아카데미까지 데려다준 덕에 김정민과 인터뷰도 수월하게 진행했다. 덕분에 온라인과 매거진으로 다 소화할 양의 인터뷰 기사가 나왔다.

　나중에 들은 이야기인데, 기사가 나간 후 김정민의 에이전시가 회사에 연락을 했단다. 비슷한 이유에서였다. 유럽에 있으니 유럽 축구 취재의 룰을 따랐을 뿐인데… 이런 상황이 닥치면 참 난감하다. 에이전트를 적으로 둬서 내게 좋을 건 전혀 없다. 그렇다고 기본적인 룰을 깨는 건 더 싫었다. 나중에는 요령이 생겨서 두 이해 집단을 부드럽게 핸들링할 수 있었지만 초반에는 이런 식으로 자주 부딪혔다. 에이전트 성향에 따라서도 달라진다. 권창훈이나 이재성의 경우에는 어려움을 겪은 적이 단 한 번도 없다. 구체적인 설명 없이도 이유를 짐작할 수 있을 거로 생각한다.

▶
▶

얼굴이
곧 미디어증

종종 이런 질문을 듣는다. 동양인
이, 그것도 동양인 여성이 축구장을 취재하러 다니면 주목받지 않
느냐고 말이다. 딱히 반가운 질문은 아니지만 아주 틀린 말은 아
니다. 소도시에 있는 구단 취재를 처음 가면 늘 나를 흘끔흘끔 쳐
다보는 시선이 느껴졌다. 대다수는 자기 일하느라 바쁘지만 어쩌
다 나를 흥미로워하는 사람들이 더러 있었다. 혼자 있는 내게 와
서 "너는 어느 팀 취재하러 온 거야?"라고 물어보기도 했다. 그냥
쳐다보는 것보다는 이렇게 말을 거는 게 낫다. 그럴 때 나는 한국
인 선수가 오늘 여기서 뛰어서 그 선수를 취재하러 왔다고 대답한
다. 그때부터 그 선수는 한국에서의 입지가 어떤가부터 시작해서
나는 어쩌다 독일에서 살게 되었는지까지 대화가 이어진다. 지금

생각해보면 알면서도 일부러 물어보고, 소스를 얻어가려 했던 것 같기도 하다.

　　나를 흥미로워하는 시선은 불편하기도 하지만, 편할 때도 많다. 취재증을 받을 때 특히 그렇다. 한국과 다르게 독일에서는 출입 전 '미디어 센터'에 가서 일일 취재증을 매번 받아야 한다. K리그는 미디어 카드만 있으면 어느 경기든 쉽게 출입이 가능하다. 지금은 시스템이 달라졌을 수도 있지만, 생각해보면 참 편했다. 가끔 미디어 게이트와 미디어 센터가 멀리 떨어져 있는 구단이 있다. 뉘른베르크, 라이프치히, 다름슈타트, 홀슈타인 킬… 생각나는 구단이 한두 개가 아니다. 바이에른은 원래 경기장 안에 있었지만 코로나19 이후에는 경기장에서 도보로 10분 정도 떨어진 곳에 컨테이너를 새로 세웠다. 덕분에 걷기 운동을 실컷 했다.

　　취재증을 받기 위해서는 미디어 카드나 신분증을 보여줘야 한다. 가방에서 지갑을 꺼내서 보여주는 일이 여간 귀찮은 게 아니다. 나는 내 외모 덕분에(?) 그 귀찮음을 덜어낼 수 있었다. 미디어 센터 직원들은 나를 한 번 보고 나면 바로 기억했다. 센터에 도착하자마자 "너는 내가 알지!"라고 하며 취재증을 꺼내줬다. "어, 너는 안 보여줘도 돼"라고 무심하게 주는 직원도 있었다. 정말 편했다. 특히 가장 취재를 많이 하러 간 알리안츠 아레나는 거의 '프리 패스'였다. 취재증을 받고 입구에 가면 가방 검사를 한 차례 한다. 검사를 받은 후 기자실에 들어가기 전에 한 번 더 검사한다. 바

알리안츠 아레나 기자실에서

이에른은 다른 구단과 달리 취재증이 팔찌로 되어 있다. 기자석에 올라갈 때, 기자실로 내려갈 때, 기자회견장에 입장할 때, 믹스트 존에 갈 때 등등 수시로 보여줘야 한다. 이것도 참 귀찮은 일이다. 긴소매 옷을 입는 봄, 가을, 겨울에는 소매를 걷어서 보여주곤 한다. 손에 노트북과 핸드폰이 디폴트로 장착된 기자들은 늘 멈춰서서 노트북을 내려놓고 소매를 걷었다.

나는 예외였다. 처음 몇 차례는 가방 검사를 꼼꼼히 했지만, 이후부터는 가방을 제대로 열어보지도 않고 "즐거운 시간 보내!"라고 들여보내 줬다. 팔찌도 마찬가지였다. 눈을 한 번 마주치면 웃으면서 문을 열어줬다. 직원 중 몇 명과는 담소를 나눌 정도로 친해졌다. 내가 다른 독일 기자들과는 다르게 생겨서 눈에 쉽게 익었겠지만, 깊이 생각하지 않기로 했다. 좋은 게 좋은 거니까.

주제와 조금 다른 이야기지만 한 일화가 생각난다. 알리안츠 아레나 출입을 시작한 지 얼마 되지 않았을 때다. 한 사진기자가 혼자 밥을 먹으며 일하고 있던 내게 다가왔다. 이전에 몇 번 마주쳐서 눈인사만 주고받던 사이였다. 그는 나를 보더니 "나는 네가 정말 멋지다고 생각해"라고 말했다. 앞뒤 설명 하나 없이 말이다. 나는 놀라서 "내가? 왜? 갑자기?"라고 되물었다. 그는 이렇게 말했다. "너는 해외에서 여기까지 와서 다른 나라 언어로 일을 하고 있어. 어떻게 영어도 아닌 독일어로 이뤄지는 기자회견에 참석하고, 그걸 다시 너희의 언어로 바꿔서 기사를 쓰지? 너는 너 자신을 자랑스러워해도 돼. 정말 인상적이야."

그렇게 말하면서 자기 가슴을 쓸어내리더니, 마지막에는 나와 악수까지 했다. 그의 따뜻한 말투와 제스처를 통해 이 말이 진심이라는 걸 느낄 수 있었다. 주변에 앉아 있던 독일 기자들도 훈훈한 표정으로 우릴 쳐다봤다. 나는 고맙다고 했다. 아직 많이 어렵다고 하자 그는 현장에서 도움이 필요하면 자기한테 요청하라고 했다. 그리고 곧 선수들이 경기장에 나와서 사진 찍으러 가야 한다며 떠났다. 그가 지나간 후 얼떨떨했다. 방금 뭐가 지나간 거지? 내가 한글로 기사를 쓰는 것까지 봤다니. 하긴 사진을 찍는 사람이니 흥미로운 풍경이라면 늘 유심히 눈에 담았을 테다. 내게 말을 걸었던 사진기자는 〈게티이미지Getty Images〉 소속으로 바이에른을 중심으로 독일 국가대표 사진까지 찍는 사람이었다. 아마 한국에서 접하는 웬만한 독일 축구 사진은 다 이 사람이 찍었을 거다. 내게 아주 영광스러운 순간을 선사해준 거나 마찬가지다. 이렇게 위대한 사람이 누군가에게 '멋지다'라고 말할 줄 알다니. 얼마나 겸손한가. 그를 다시 보게 됐다. 그의 이름은 알렉산더 하센슈타인이다.

알렉산더가 그렇게 큰 소리로 내 칭찬을 잔뜩 늘어놓은 이후 부쩍 인사를 주고받는 동료들이 많아졌다. 〈스카이스포츠〉, 〈빌트〉, 〈키커〉, 〈슈포르트아인스〉 등 규모가 큰 언론사 기자들이 내게 먼저 다가오기도 했다. 경기장 안팎에서 안면을 트고 나니 그제야 '그들이 노는 물'에 들어간 기분이 들었다. 덕분에 알리안츠 아레나 취재를 가는 날은 늘 마음이 편했다.

생각해보면 알렉산더는 나를 지칭하면서 '동양인'이나 '여성' 같은 단어를 사용하지 않았다. 외국인이 여기까지 와서 일하는 게 대단하다는 말이 전혀 차별적으로 느껴지지 않은 데는 이유가 있었다. 그는 나를 그저 국적이 다른 한 사람으로 대했다. 아마 오래도록 잊히지 않는 일화로 남을 것 같다.

▶

▶

이재성의 칼럼
에디터가 되다

여기까지 읽은 독자들이라면 모두 같은 생각을 할 것 같다. 이 사람 축구 참 좋아하는구나.

맞다. 나는 축구가 좋아서 축구 기자가 됐고, 분데스리가가 좋아서 독일로 건너왔다. 단순히 꿈을 이뤘다고 표현하고 싶지 않다. 그냥, 내가 마음먹은 일은 꼭 해야 직성이 풀리는 성격 탓이다. 쉼 없이 달리다가 뒤를 돌아보니 어느새 6년의 세월이 흘렀다. 그제야 내게도 변화가 필요하다는 생각이 들었다. 알리안츠 아레나 기자석이 더는 설레지 않았고, 토마스 뮐러의 인터뷰 녹취록을 풀면서도 귀찮고 피곤했다. 초심을 찾기 위해 다양한 시도를 했지만 그저 모두 피곤하게 느껴졌다. 이래서는 안 된다. 전환점이 필요해졌다.

그때 이재성의 축구 일기가 눈에 들어왔다. 포털 사이트 '다음'에서 이재성이 연재하는 콘텐츠였다. 처음에는 글의 에디터가 따로 있는 줄 알았는데 이재성에게 물어보니 자기가 처음부터 끝까지 직접 다 쓰고, 다듬어서 담당자에게 보낸다고 했다. 그 말을 들었을 때는 '그렇구나' 하고 말았는데 이재성의 마인츠 이적 공식 발표가 뜬 이후에는 생각이 바뀌었다.

2021년 여름 한국에서 휴가를 보내던 중이었다. 종각역 스타벅스 3층에 앉아 친구를 기다리고 있었다. 습관처럼 축구 소식을 찾아보고 있는데 이재성의 마인츠 이적 소식이 떴다. 그 소식을 보자마자 갑자기 정신이 번쩍 들었다. 이재성과 작업을 해야겠다는 결심이, 정말 갑자기 들었다. 무슨 작업일지 구체적인 생각이 든 것도 아니었다. 뭐라도 해야겠다고 생각했다.

결심이 서자마자 수첩을 열어 내 머릿속을 정리하고, 구체화했다. 이재성이 꿈에 그리던 분데스리가에 진출을 했다. 마침 분데스리가에 이렇다 할 한국 선수도 없었고, 당연히 리그 인지도도 낮았다. 이재성의 마인츠 이적은 다시 분데스리가에 대한 축구 팬들의 관심이 커질 절호의 기회였다. 나 같은 제2의 인물이 아닌, 선수가 직접 그 리그에서 뛰는 이야기를 팬들에게 들려주면 훨씬 팬들의 몰입도가 높아질 것 같았다.

결론이 내려졌다. 이재성의 축구 일기를 포털 사이트 '네이

우리는 어느새 좋은 동료가 됐다

버'로 옮겨와야겠다. 그리고 내가 그 일기의 에디터가 되어야겠
다. 잘할 수 있을 거란 자신감이 샘솟았다. 이런 생각까지 들었다.

'내가 아니면 누가 하겠어?'

곧바로 이재성 측에 전화를 걸었다. 다행히 '다음'과 구체적
인 계약 기간이 정해진 건 아니었다. 선수의 의사가 중요해졌다.

이재성에게 묻자, 그는 오래 일기를 써온 플랫폼을 쉽게 바꾸고 싶지 않아 했다. 아쉬웠다. 평소 그의 성향을 잘 알고 있었기에 크게 실망스럽지는 않았다. 그래도 '네이버' 담당자에게 나의 기획안을 전달했다. 언제라도 이재성의 마음이 바뀌기를 내심 바라며.

새 시즌이 시작됐다. 다시 일에 치여, 이 기획안은 내 머릿속에서 점점 지워졌다. 이재성이 마인츠에서 데뷔전을 치르고 멋지게 활약하는 모습을 지켜보면서 아쉬운 마음이 종종 들었다. 어느 날이었다. 경기 후에 전화로 인터뷰를 진행했다. 인터뷰를 마무리하고 추가적인 내용 보충으로 연락을 주고받았는데 그에게서 뜻밖의 메시지가 왔다. "혹시 저희 에이전트에게 이야기 들으셨어요? 저 '다음'과 축구 일기를 곧 그만할 것 같아요."

머릿속에서 종소리가 들리는 기분이었다. 희망의 종소리… 뭐 그런 것?

이어서 이재성은 아직 '네이버' 기획안이 유효한지 넌지시 물었다. 됐다! 그때부터는 모든 게 일사천리로 진행됐다. 나는 곧바로 '네이버' 담당자에게 연락했다. 마침 '네이버'에서도 칼럼진 개편을 준비 중이었다. 칼럼니스트가 아닌 스토리텔러로 타이틀이 바뀌어 기자부터 아나운서, 전/현 선수 등 더 넓은 범위의 스토리텔러를 구성하고 있었다. 이재성은 거의 막차로 합류했다. 이재성의 뜻은 심플했다. 그는 계속 팬들을 위해 자신의 이야기를 전

이재성의 첫 라이브 방송이 끝나고

하고 싶었다. 나와 그의 니즈는 출발점이 달랐지만 여기에서 의견이 겹쳤다. 팬들에게 선수가 경험한 이야기를 직접 전하기.

빠르게 '네이버'와 온라인 미팅을 진행하고 칼럼의 방향성을 정했다. 이전과 달리 개인 블로그를 통해 칼럼을 쓰는 방식이었다. 칼럼뿐만 아니라 일상 글도 올리면서 팬들에게 더 친근하게 다가갈 수 있게 됐다. 우리는 10월경 공식 블로그를 열었다. 이재성이 독일에서 전하는 축구 이야기. 2주에 한 번씩 유의미한 주제에 대한 칼럼을 쓰기로 했다. 뿐만 아니다. 한 달에 한 번씩 라이브 방송도 진행한다. 경기 활약 여부, 부상 여부에 연연하지 않고 임하기로 했다. 현역 선수로서 소화가 쉽지 않은 일정이지만 이재성은 책임감이 생긴다고 했다. 그의 말에 나도 동기부여가 생겼다.

이재성은 그때부터 쭉 칼럼과 라이브 방송을 진행하고 있다. 함께 주제를 정하고, 이재성이 그 주제에 맞춰서 글을 쓴다. 발행 전에 내가 문장을 다듬고, 간단한 문법 체크도 하면서 그가 하고자 하는 이야기가 더 효과적으로 독자들에게 전달될 수 있게 에디팅한다. 그동안 이재성과 인터뷰를 자주 했던 게 큰 도움이 됐다. 그를 더 잘 이해할 수 있달까. 혹시 내가 잘못 이해하면 이재성은 놓치지 않고 정정했고, 설명을 덧붙였다. 선수는 그냥 구술로 풀고 에디터가 처음부터 끝까지 칼럼을 다 쓰는 경우도 적잖은데, 이재성은 칼럼이 발행되기 직전까지 세심하게 신경을 썼다. 어릴 적부터 일기를 꾸준히 쓰고 책도 틈틈이 읽은 덕분일 거다. 표현력도 점점 좋아졌고, 문법도 틀리는 경우가 거의 없었다. 피곤하고, 조금 게을러지고 싶다가도 그의 정성이 담긴 글을 읽고 나면 다시 정신을 번뜩 차리게 됐다. 이런 선수와 함께 작업하게 된 건 큰 행운이었다.

나는 그렇게 또 마음먹은 일을 해냈다. 목표 달성에 대한 성취감은 기대 이상으로 크다. 이전에는 알지 못했던 선수들만의 고충을 이해해서 좋고, 어디에서도 공개되지 않은 이야기를 가장 먼저 접해서 영광이다. 무엇보다 팬들뿐만 아니라 곳곳에서 노력하고 있는 어린 선수들에게도 좋은 영향을 미치는 칼럼이라 더 뿌듯하다. 칼럼을 읽고 눈물을 흘렸다는 사람들의 말을 들을 때마다 이재성의 선한 영향력을 다시 한번 실감한다. 마냥 기사만 쓸 때는 느끼지 못했던 보람을 얻고 있다. 축구는 참, 많은 걸 가능하게 해준 고마운 존재다.

기사를 쓸 때 늘 마지막 문단이 가장 어려웠다. 누군가에게는 제목이, 누군가에게는 서론이, 또 누군가에게는 사진을 고르는 일이 어렵겠지만 나는 마지막 문단에서 가장 오래 고민했다. 끝이 좋아야 다 좋다는 나름의 철학이 있다. 남들과 다른 마무리를 하고 싶어서, 기억에 남는 기사를 완성하고 싶어서 고치고, 또 고치기를 반복했다.

책을 마무리하는 지금, 이제 나는 축구 기자가 아니다. 지난해 11월, 7년간의 축구 기자 커리어에 마침표를 찍었다. 이번에도 그냥 마무리하고 싶지 않았다. 남들과 다른 마침표를 찍고 싶었다. 고민 끝에, 책을 쓰기로 결심했다.

원고를 다 쓰기까지 많은 시간이 걸렸다. 약간의 핑계가 허용

된다면, 본업을 바꾸는 건 보통 일이 아니다. 스포츠와는 거리가 먼 분야에 발을 디뎠기에 배울 게 한둘이 아니다. 난생처음 출근과 퇴근 시간이 정해진 '규칙적인' 회사 생활을 하려니 처음에는 몸도 적응을 못했다. 저녁 9시도 안 되어서 곯아떨어지기 일쑤였다. 나의 이런 사정을 이해해주시고, 늦어지는 원고를 기다려주신 박재성 본부장께 이 공간을 빌려 진심으로 감사의 인사를 전한다.

본부장과는 인연이 남다르다. 〈포포투〉 기자 시절, '인사이더스'라는 코너를 연재했다. 축구장 밖에서 축구를 위해 힘쓰는 이들을 인터뷰하는 코너였다. 축구 서적계의 호날두이자 메시인 《나는 즐라탄이다》 한국어 버전이 바로 이곳 〈한스미디어〉에서 탄생했다. 나는 그때 〈한스미디어〉의 사무실에 사진 기자와 함께 방문해서 박재성 본부장을 인터뷰하고 사진을 찍었다. 그랬던 내가 이곳에서 책을 낸다니, 감회가 남다르다.

기왕 감사의 인사를 시작했으니 세 명을 더 언급하고 싶다. 〈포포투〉에서 패기로만 똘똘 뭉친 철없는 어린 신입을 강하고, 부드럽게 키워준 홍재민 편집장, 배진경 선배, 정다워 선배다. 내 인생에 천운이 있다면 이 세 명 밑에서 일을 배운 것이라고 확신한다.

전주월드컵경기장에서 내게 "저기 가서 최용수 감독 인터뷰하고 와"라고 시크하게 말하고 사라진 정다워 선배. '저기'는 어디며, '인터뷰'는 어떻게 하는 것인지. 전북현대 홈경기는 처음이었는데. 수원종합운동장에서 "가서 김병오 믹스트 존 하고 와"라고 말한 후 또 스르륵 사라진 선배. 나는 그날 공동취재구역에서 선수와 통성명하는 흑역사를 남겼다. 선배는 나를 그렇게 강하게 키웠다. 덕분에 혼자 현장에 가도 금세 적응할 수 있는 능력치가 생겼다.

홍재민 편집장은 내게 늘 강조했다. 축구 기자이기 전에 기자라고. 글에 대한 피드백을 끊임없이 해주셨고, 글쓰기에 도움이 되는 책도 아낌없이 선물해주셨다. 축구는 몰라도 되지만 글 하나는 잘 써야 한다고 늘 말씀하셨다. 그때부터 국내/해외축구 코너에 올라오는 기사들은 잘 읽지 않았다. 대신 잘 짜인 칼럼을 읽었고, 책을 읽었고, 신문에 있는 사설을 읽었다. 내가 지금까지 글을 쓸 수 있는 건, 좀 더 정확히는, 글에 재미를 느끼는 건 편집장 덕분이 아닐까.

배진경 선배는 기꺼이 나의 방패가 되어 주셨다. 서툰 막내가 현장에서 크고 작은 사고를 치고 돌아오면 선배는 내 앞에 서서 나를 보호해 주셨다. 그리고 내게 늘 말씀하셨다. "너는 기자가 해야할 일을 했을 뿐이야." 선배들의 글이 좋아서, 선배들의 글을 흉내내던 나를 그녀는 다그치지 않았다. "재은아, 너에겐 너만의 색깔이 있어. 그걸 살려봐. 사람들은 너의 글을 더 좋아할 거야." 선배는 늘 그렇게 나를 조금 더 용감한 사람으로 만들어 주셨다.

선배들과 함께 일한 2년은 내 인생에서 가장 찬란한 순간으로 남을 거다. 모두 감사합니다.

나의 첫 번째 독자가 된 이재성 선수에게도, 지금 이 글을 읽는 당신에게도, 나의 독일 생활을 응원해준 축구 팬들에게도 감사의 인사를 덧붙인다.

분명히 축구계에서 떠났다고 생각했는데, 축구를 주제로 한 책을 썼다. 또 이재성 선수의 칼럼을 1년째 담당하고 있다. 축구는 정말 나와 떼려야 뗄 수 없는 존재가 된 게 아닐까. 여전히 나를 단단히 받쳐주는 나무로 우뚝 서 있는 기분이 든다. 이전에는 넘어진 나를 일으켜 세웠다면, 지금은 내가 언제든 가서 기대 쉴 수 있는 존재처럼 말이다.

그러고 보니 이상하다. 마무리를 늘 어려워하는 나인데, 책의 '마지막 문단'인 에필로그가 술술 써진다.

어쩌면, 아직 마지막이 아닌 걸까.

정재은의 좌충우돌
독일축구 현장

1판 1쇄 인쇄 2022년 11월 16일
1판 1쇄 발행 2022년 11월 22일

지은이 정재은
펴낸이 김기옥

실용본부장 박재성
실용1팀 박인애
마케터 서지운
판매전략 김선주
지원 고광현, 김형식, 임민진

디자인 퍼플트리 박소희

인쇄·제본 민언프린텍

펴낸곳 한스미디어(한즈미디어(주))
주소 (우 04027) 서울시 마포구 양화로 11길 13(서교동, 강원빌딩 5층)
전화 02-707-0337 | **팩스** 031-707-0198 | **홈페이지** www.hansmedia.com
출판신고번호 제 313-2003-227호 | **신고일자** 2003년 6월 25일

ISBN 979-11-6007-739-1 (03690)